武術的科學

實戰取勝的關鍵

【修訂版】

吉福康郎

作者簡介

吉福康郎（Yoshifuku Yasuo）

1944 年出生於日本滋賀縣。東京大學理學系畢
業、理學院研究所（理論物理學系）結業，東京大
學理學博士。

現為中部大學工學院教授，專攻運動生物力學及
生命情報科學。目前運用科學的方法加以解析並
深入研究運動，特別是格鬥術及傳統武術的技
法，其他還涉獵如瑜珈和氣功的實踐等。

其著作相當豐富，包括《格鬥技的科學》（Science
I 新書）、《武術「奧義」的科學》、《格鬥技「奧
義」的科學》（講談社）等。

前言

手術後第 10 天。

我早已厭倦住院的生活，儘管側腹 20 公分開刀傷口隱隱作痛，但當終於可以在醫院內活動時，我決定要利用在走廊上常會碰到主治醫生的機會，讓醫療人員見到我良好復原的狀況。最後，成功地讓主治醫師和護士們見到我順利運用武術的轉身步法。

當時，主治醫生驚訝地表示「如果能做那樣的動作，身體應該已經沒問題」，於是隔天就讓我出院了。

我自出生以來一直為體質虛弱所苦，所以選擇了研究生物力學的格鬥術，思索著「強者為何成為強者？如果能瞭解其原因，那自己也可以變成強者嗎？」企圖利用科學的方法加以解析以上疑問。

但是，我越研究越發現，即使運動類型的格鬥術在力學、解剖學上是合理的技術，一旦遇到肌力或力氣與自己相差甚大的對手，運用技術也沒有用，結果是「強者為天生的，並沒有能讓自己變強的方法」。於是我放棄了研究，之後有很長的一段時間，都沒有再研究格鬥術了。

直到 60 歲那一年，我對上述想法有了完全改觀的契機，主要是因為遇見了武術家甲野善紀。

我們來回對練了幾個招術，即使我採取力學條件上絕對有利的動作，甲野卻總能輕鬆將我壓制或翻摔，並以迅雷不及掩耳的速度在我身上施以拳擊或竹劍攻擊。這與運動類型格鬥術完全不同的地方，在於其多變且快速的移動和難以抵抗的強大力量。

後來，藉此機會參加了以甲野為首的武術學習會，從中不斷學

習武術，並探究武術的科學原理。經過一段時間之後，我居然能輕鬆抱起一個 30 公斤重的人，或是能夠雙手握住武道上段者的單手手腕處來翻摔對方。漸漸地，我發覺自己變得更有「力量」，甚至認為這只不過是「奇蹟」而已。

而且，不知道是否因為記得要放鬆力氣，不勉強使用身體的關係，長期煩惱我的腰痛，也都忘得一乾二淨。

前述醫院內發生的事，只是其中一例而已。不論是年輕的男性、女性，或體力已衰退的高齡者，能不勉強地發揮自我體能的方法，就屬武術中的身體操練法了。

本書，是我彙整了多年的研究及實踐成果，不需用激烈的訓練方式，只要長期持之以恆鍛鍊的話，體質在無形之中就會隨之改變。在修練身體的動作中，心會變得柔軟而堅強，並培育出「我能做到」的自信，身心也逐漸成長。

在第 1 章「何謂武術」中，說明武術與運動類型格鬥術之不同；第 2 章「打擊的科學」中解說各種武術特有的打擊技術，像是無法反擊的攻擊方法、貫穿筋肉或護具之穿透力、融合擒拿術的李小龍截拳道等。

第 3 章「劍術、居合術的科學」和第 4 章「武器的科學」中，說明快速拔刀或刀刃相互壓制時，在力學上有利的操作方法，同時解析武士刀的構造及砍擊的原理，還有如何發揮槍、弓箭、雙節棍等武器的特性及其操作方法。

第 5 章「步法、變換身體位置、欺騙五感的科學」及第 6 章「破勢的科學」中，則說明利用同手同腳的走路步法，即使不跨大步張開雙腳，也能利用重力強踏地面的前進法，以及巧妙欺瞞視覺下，達成「動作消失」或瞞過觸覺的虛擊動作，來破壞對方的身體平衡，即使是再怎麼有力量的人，也都會無法出力的方法等。

　　第 7 章「氣、心的科學」中，說明武術可幫助心靈成長的理由，包括我的親身經驗在內，一併加以說明。

　　最後，容我使用口語化的詩歌方式，表達本人對於武術的重點與讀者分享：

貫徹力量於無形　　傳統秘傳打擊技

不使臂力強拔刀　　風馳電掣來破敵

刀器相交鍔根處　　秘訣就在駕馭刀

放鬆氣力輕敏捷　　注意分散力道集

無需力氣快又速　　武術操作超合理

不以筋氣為目標　　學習破勢變無敵

莫以勝負為宗旨　　超越生死即正義

2013 年 4 月 吉福康郎

CONTENTS

CONTENTS

第1章 何謂武術？

◉整體概要

運動型與實戰型的武術有何不同？

運動型的格鬥術或武道，一般是在規定好的條件下，進行打鬥或比賽。所謂規定好的條件如下：

① 一對一（常依體重、性別、年齡區分）

② 空手或只能使用事先決定好的武器（如竹劍或薙刀等）

③ 在道場或競技場等有木質地板、榻榻米等活動場地進行

④ 限定可使用的攻擊技法種類及部位（有禁止使用的技術）

⑤ 如同回合制比賽中，有比賽時間限制及裁判的禁令等

而實戰型武術則完全沒有這些條件。宮本武藏和佐佐木小次郎的決鬥，就是個很好的例子[1]。武藏為了對抗小次郎的長刀，準備了一把以船槳削成的長木刀，且決鬥時刻意遲到，並對著已拋開刀鞘的小次郎大喊「刀已無法回鞘，認輸吧！」意圖激怒對方（這在劍道比賽是會失去比賽資格的）。而據說武藏遲到最主要的原因，是因為他察覺到小次郎強烈的復仇心，想利用潮水漲退的時機坐船逃走。事實上，上述①～⑤的條件，幾乎無法套用。考量選手安全及比賽公平，制訂一些規則是件好事，但若當成「擊敗對手的格鬥術」來看並不恰當。

接下來，舉幾個運動型格鬥術的例子：

●拳擊

當對手快速移動的時後，為了要制止對手，理所當然會想踩對方的腳[2]，這個舉動在拳擊比賽中，是重大違規的（如圖1）。曾經在某個大型比賽中，有選手不小心突然被對手踩到腳，因此被擊倒而輸掉比賽。類似的情況的確造成很多爭議，還有為閃躲對手的連續攻擊，而環抱對手或抓住對手身體的任一部位，讓對手只能攻擊禁止攻擊的後腦。雖然也是技法之一（圖2），但在實戰中採此技法，是非常危險的。所以，常看到被打的選手低頭環抱對方的景象，這在實戰上與「勒頸窒息（Front Choke）」技法，同樣具危險性。

※1 此為宮本武藏最著名的一戰——「巖流島決鬥」。實際的決鬥過程、勝敗結果、歷史上對兩人於此決鬥的評價及其影響等，因不同資料的記載亦有不同。

圖1 禁止踩住對手的腳

⬆ 運動類型的格鬥術，不可利用踩住對手的腳來妨礙對手的移動。

圖2 禁止攻擊對手的後腦

⬅ 圖中前方的選手，雖然迴避了對手的連續攻擊，但同時臉朝右方會產生破綻。如果對手朝後腦攻擊的話，則會犯規。

※2 如中國武術八卦掌步法的擺扣步，是易於封鎖對方腿部動作，使其失去重心或不能移動的招式。

●綜合型格鬥

相較於拳擊，禁止使用的技術較少，像是坐騎在受壓制而橫躺在地的下位選手身上（亦即上位對手似騎馬姿勢，壓騎在下位對手身上），或用單手環勒住對方頸部並攻擊後腦部，都是不可以的。換言之，在實戰中採取一上一下騎馬姿勢（Mount Position）般的攻擊，以相互緊密靠近的方式壓制對方，是很危險的。

比賽中雖然嚴禁攻擊後腦部位，但在綜合型格鬥中有著抱舉起受到壓制的對手，使其後腦撞擊墊子的技法。因為是在可以承受某種程度撞擊力的軟墊子上進行，所以允許使用此技術；若是在水泥地上進行，則非常危險。

●全接觸空手道

禁止攻擊臉部的全接觸空手道，因不用擔心臉部會遭攻擊，所以可盡全力出腳猛踢（圖3）；或是使用轉動身體迴旋踢[3] 的高難度技術，即使沒有成功也不會變成寢技（臥倒時的施技）。不過，比賽中禁止攻擊已經倒下的對手，對手倒下時，需依裁判的指示，重新調整姿勢對戰。在實戰中，即使成功擊敗對方（特別在硬地上），對自己而言也是非常危險的。

●劍道

以較量劍術的劍道中，將武士刀改為安全性高的竹劍，以竹劍的最尖端及其周圍部分。正確攻擊臉、前手臂、身體等有效部位，是得分的條件。但攻擊臉部導致對手低頭，因而被觸擊肩部，則一律不算會得分的有效攻擊（圖4）；若竹劍壓制在對手肩上的情況下，仍可繼續比賽。實戰中，不論是刀劍的尖端或刀顎，身體被刀的任何部位接觸或輕碰，都會降低戰鬥力，且不利勝負。

在實戰中，奪取對手的刀劍，攻擊足部或用腳絆倒對方，壓制或翻摔等技法，是理所當然的，但在劍道比賽中，則會立刻失去該比賽資格。因此，從以上說明可見，運動型的格鬥術與實戰型的武術，有非常大的不同。

※3 朝前方正踢時，可用腳跟攻擊臉等部位。

圖3　禁止攻擊對手臉部，故可盡全力猛踢

◀彼此接近的時候，不用擔心臉部會被攻擊，故可利用機會猛踢。

圖4　「劈擊」到肩膀部位，不算得分

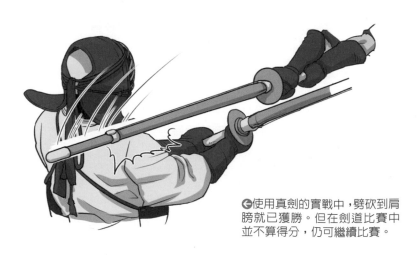

◀使用真劍的實戰中，劈砍到肩膀就已獲勝。但在劍道比賽中並不算得分，仍可繼續比賽。

為何實戰型武術優於運動型武術？

　　從結論來說，在選手本身的素質、性別、年齡、體格、學習時間及練習量幾乎都一樣的情況下，實戰型武術絕對比運動型的格鬥術厲害，主要原因除了 Q01（第 10 頁）所論述的之外，還有以下二點。

　　①與重視安全性的格鬥術相反，武術是以將人擊倒或殺死對手為目的的武術體系。

　　②武術是不考慮場所或時間的打鬥功夫，而且心中是有所構思及準備的行動。

　　針對①，在運動類型的比賽中，如果默許犯規的話，當然有利犯規方獲得勝利。但選手練習犯規行為是沒有意義的，若有想嘗試犯規的心態，該選手就仍屬於業餘人士的水準。而武術則是將某些犯規行為稱為「技」的高水準表現。

　　以眼睛為攻擊目標為例，在少林寺拳法中有用裏手（手略微伸直打開的指關節 ＊ 附近）攻擊眼睛的招式；另外，截拳道則是用手指尖直接戳眼，這些都被視為基本功夫且要不斷地練習。

　　曾有位武術家說過，為了讓大拇指尖端變得銳利，平常遇到適合的東西就要常鍛鍊。所以，要是被這種招式抓傷眼睛，可不得了。

　　另外，在中國服裝中有一種可以將手隱藏的長袖設計。據說中國拳法中有一流派，是揮動兩手衣袖為戰術，是利用袖子堅硬的材質攻擊對方眼睛為目的的技法。

●武術能夠輕易化解突如其來的攻擊

　　針對②，武術是遇到敵人時能夠保護自身的手段，以因應突如其來的攻擊為前提，且心中有所準備。對於習慣配合比賽時間，邊集中注意力邊做暖身，然後進入比賽場地，聽到比賽鳴鐘才開始比賽等順序的人，應該無法適應武術。在有名望人士前較量競技的正式比賽，應該比較接近現代格鬥術的比賽吧……

※ 意指不含拇指，用其他四指的第二節指骨（第一節指骨連接第二節指骨的部位）附近來攻擊。

有位年輕時常常榜上有名的空手道專家，在某次電車進站前，突然從月台上跌落受傷之後，絕不站在月台前端排隊，聽說有一樣想法的武術家也不少。

　　另外，有位合氣道老師在離開電車的瞬間，被站在月台上候車的男性絆到腳，老師立刻下意識換腳下車，男性因此有些站不太穩。老師輕推了一下男子背部，男子朝電車方向微傾上了電車，之後車門關起來了，而老師及男子都平安無事。

　　有位中國拳法家走在路上時，突然有一位小學生從後方朝拳法家快速跑來，並在回頭看的瞬間，書包撞到拳法家的身體，拳法家下意識往後踢了一下書包，書本因此掉落滿地。

　　之後，便倉忙地收拾書本，其他路人完全不知道發生什麼事情。所幸，該名小學生平安無事。也許是個玩笑話，從後方無聲無息地接近武術家，可是件危險的事。

　　或許無法與專業人士相比，我在醫院候診室等候看病的時候，進來一位老人，衣服被門把勾住、快要跌倒的樣子，周圍的病人只能眼睜睜地看著，我立刻快速起身扶住老人，老人才沒有跌倒受傷。

●武術專家也研究格鬥術

　　即使武術很厲害的人，我們也不能斷定他就是專家。例如因迴旋踢對攻擊生殖器部位的力道較弱為由，而不使用迴旋踢的流派人士，若不做好防禦功夫，也可能會輸給一流的踢擊手。或是，拳擊手以為已經控制住對方而大意輕敵的話，很可能就會被對方趁隙施以一連串快速的攻擊。武術專家，會專研運動型格鬥術，並加以研擬對策。實戰型武術和運動型的格鬥術，相互交流各取所長，雙方都可持續進步。

截拳道起源自名人李小龍。
照片為電影「猛龍過江」　（1972 年）
（照片：Photo12）

什麼是現代的實戰武術？

實戰，包含武術家之間的切磋，或是和其他流派交流的君子之爭，到人數眾多的混亂打鬥等各種不同的情況。在此，以武術家和一般人的實戰為例，來說明其特點如下：

①對手多半超過二人。
②無法預測是否能和平解決，或是非打鬥不可。
③無法得知對方是否有擅長的技術或是攜帶武器。
④要注意不可防衛過當。

曾有位太極拳老師要阻止四名流氓（特徵①）恐嚇一位女性而發生實戰。就特徵②而言，以少林寺高段修行者的經驗來說，從剛開始爭吵然後試圖安定對方情緒，到對方繼續惡言相向；在這段期間，高段修行者心中起了「現在要開始了」的念頭，代表已做好應戰準備。

但是在此實例中，太極拳老師面前三位流氓中的一位，說了些警告的話，老師心想「開始爭吵了」的瞬間，突然老師身後的一名流氓，反牽制住老師的雙臂，同時前方爭吵的流氓，從正面揍向老師，另兩位流氓見狀，亦加入攻擊。

雖然是一般人，但對打架習以為常的流氓來說，會使用所有手段來引誘對方動手。有位會運動型格鬥術的人，就因對方大聲說道「脫掉上衣來決勝負吧」便脫去了上衣，但也在脫掉上衣的瞬間被突襲了。

針對特徵③，假設老師身後那位流氓握有刀子，不用牽制老師雙臂，老師就有可能會被刺傷。但站在老師身後是很危險的，如果老師先發制人全力攻擊的話，對方就會受重傷（嚴重的話，還會有死亡的可能），而會有特徵④防衛過當（或是先出手暴力）的問題了。

圖1 實戰狀況的情勢

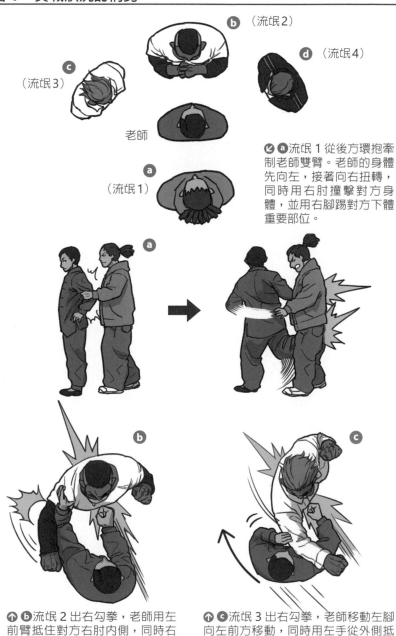

⟨b⟩（流氓2）

⟨d⟩（流氓4）

⟨c⟩
（流氓3）

老師

⟨a⟩
（流氓1）

↙⟨a⟩流氓1從後方環抱牽制老師雙臂。老師的身體先向左，接著向右扭轉，同時用右肘撞擊對方身體，並用右腳踢對方下體重要部位。

⟨a⟩

⟨b⟩

⟨c⟩

↑⟨b⟩流氓2出右勾拳，老師用左前臂抵住對方右肘內側，同時右手出空拳攻擊對方身體。

↑⟨c⟩流氓3出右勾拳，老師移動左腳向左前方移動，同時用左手從外側抵擋對方右肘，右手出空拳攻擊。

●老師會如何因應呢？

即使被力氣大於自己且身材更高的人從後方環抱牽制雙臂，老師也不會頑強抵抗，而是會順勢脫逃。運用太極拳的轉身動作，此時快速地扭腰產生扭力，將其力道傳至右肘撥開對方手肘，同時用此右肘攻擊對方身體，並用右腳後踢對方下體重要部位。

老師正前方的流氓看似要出拳攻擊，老師用左前臂牽制該流氓的右手肘內側，同時出右拳輕打流氓身體，流氓因此倒下。接下來，老師左前方的流氓快速地出右拳打過來，老師運用太極拳的步法，左腳向左前方移動，左手從外側引導對方攻擊的右手滑入老師右肘內側，並出右拳攻擊對方身體。

最後，右前方的流氓也出右拳攻擊，老師用右手臂輕輕抵擋，然後右手微張（不要緊握拳頭的意思）似裏拳※般，用拳背彈擊對方身體。此擊技法，稱為彈勁，是利用肘關節的彈力快速擊倒對方。

瞬間倒下的四名流氓動彈不得，所以老師就離開了。老師的攻擊法，就算是熟練全接觸空手道的高手，也會傷及五臟六腑全身無力。這次，記住不要防衛過當（特徵④），僅讓對方失去戰鬥力的程度，老師下手「很輕」，所以四名流氓並沒有嚴重的傷勢產生。

即便是老師，也不能說完全沒有在實戰中被刺傷的可能性。各位即使學習武術或格鬥術有心得，也千萬不要輕易想用「實戰測試」自己的實力。

※ 裏拳是手握拳，用食指及中指的指根附近關節部位攻擊。

←ⓒ流氓 3 受攻擊的瞬間。

←ⓓ面對流氓 4 的攻擊，老師採取對ⓒ流氓 3 一樣的防禦動作，右手掌微開，指尖方向朝內，用拳背彈擊對方身體。

圖 2　何謂彈勁？

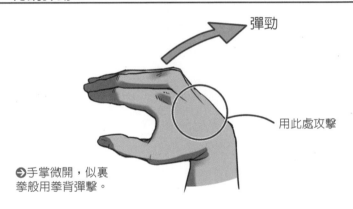

彈勁

用此處攻擊

→手掌微開，似裏拳般用拳背彈擊。

圖 3　攻擊不是使用正拳而是空拳

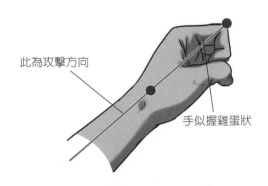

此為攻擊方向

手似握雞蛋狀

● 整體概要

如何區別運動型與實戰型武術？

以武術老師為志業的人，幾乎都經過長期的鍛鍊而擁有強健的筋骨和優異的運動神經。只是有興趣並學習了幾年格鬥術的一般人向其挑戰的話，贏的機會應該不大。但是體質強健的人，只是仰賴天生的力氣和反射神經的話，儘管已經成為弟子也會被師父說：「僅此程度的力量是不夠的。」

就我所知，真正的武術家有以下三個特徵：

①對比自己年輕、體力又好的對手，不使出全力也能戰勝。
②動作結束後，對方仍無法知道何時被施以什麼動作。
③不因打架獲勝而驕傲自滿，排斥使用暴力，品格良善。

針對①，有位武術家與相撲力士，在道場比場不單靠力氣的對賽，最後武術家推倒力士而獲勝；相反地在庭院比賽相撲時，武術家不論手或腳都被牽制住 ※。此雖為極端的例子，有些武術家即使看對手與自己實力差不多，仍會採取對自己有利的態勢以獲取勝利，這點要注意。

針對②，雖然拳擊手的出拳速度非常快，難以抵擋及防禦，但這與武術的「動作消失的快速程度」不同，明明應該來得及防禦卻為何瞬間來不及，類似這種眼睛無法跟上的速度。

針對③，即使符合①及②條件，真正的武術家要避免批評其他流派、或給人傑傲不馴的感覺，以及收受金錢賄賂等崇尚名利的行為。

※ 若攻擊下體重要部位的話，結果當然會不同。因為是遵循相撲規則下所進行的比賽。（若是真正的武術高手，也是會利用推倒對方而獲勝）

第2章　打擊的科學

什麼是打擊技法的「穿透力」現象？

所謂「穿透力」，指的是受到攻擊的地方一端沒有被破壞，但其威力所及，能至其遠端更深層的地方。以下舉幾個現象為例，並以力學角度來分析說明。

攻擊緊貼站立三人中站在最面前的第一人，卻只有最後一位被彈飛的現象（圖1），與汽車連環追撞原理相同。如圖所示，10元硬幣 **A**，從右邊撞擊靜止中的10元硬幣 **B**，硬幣 **A** 停止後，10元硬幣 **B** 以同等速度前進。若10元硬幣 **B** 後面，又有10元硬幣 **C** 的話（相連著也可以），同樣地硬幣 **B** 停止後，硬幣 **C** 移動。不管後面有幾個硬幣，只有在最尾端的那一枚硬幣在移動。

此技法要注意的地方是，因為瞬間的衝擊力比持續性衝擊力全部「重量」的衝量（Impulse）[*1]（參照 Q50，第150頁）大，才能發揮力道。依衝量比例的速度，來彈飛對方。如同10元硬幣般，當衝擊力的移動速度變大，站在第一位受擊的人，心中感覺到強大攻擊力的訊息，看著拳頭攻擊過來，身體也感受相同的力道。要注意出手攻擊的手腕部位，不要起緩衝作用。

接下來，二塊重疊在一起的木板，只有在下方的板子破裂的「內部受力」[*2]技術。安排空手道老師試了好幾次，結果不是「二塊都破」或是「上面一塊破」。針對只有「下面一塊破」時，可解釋為「力道穿透至第二塊板子」，但不是「任選二塊板子，而是只有下面的板子破裂」的技術。

以下用力學的角度來解釋此現象。

有用東西支撐二塊疊在一起的板子的兩端，此時若攻擊板子中央，兩塊板子同樣都從下方中間開始彎曲變形，此時，比起板端兩緣，板中間折彎力變得最大（彎曲半徑小）（圖2）。在 Q41（第124頁）中會說明，因外力而延展的關係，在板子的下方中間產生張應力，因

※1 衝量（Impulse）：其定義為作用力與作用時間的乘積。

圖 1　力道穿透的原因

⬆攻擊站在最前方的人時，因「穿透力」的關係，只有第三人會被彈飛，這與10元硬幣移動的原理相同。

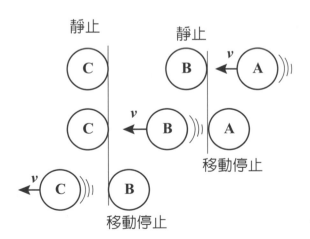

而開始龜裂。板子破裂與否和板子的堅硬度無關，而是與容不容易彎曲有關。事實上，堅硬不易彎曲的板子，反而會比不堅硬但易彎曲的板子更容易破裂。

試了好幾次，偶爾會有易彎曲的板子在上，不易彎曲的板子在下時，只有下方的板子破裂的情況，但若打擊力道太強的話，兩塊板子就都會破裂。

第三個例子，是用手掌根處敲擊裝滿水的牛奶瓶，而使瓶底脫落的技巧（圖3）。手掌根蓋住瓶口敲打的瞬間，也給水很大的衝擊壓力，即是帕斯卡原理（Pascal's Principle）。當對水施加壓力，其壓力會由瓶身內側開始膨脹傳導至整個瓶子。瓶底之所以會脫落，是因為瓶底的構造本來就對壓力的承受度相對較弱的緣故。

而上述技巧的要點是瓶中一定要裝滿水，如果瓶中有空氣的話，空氣壓縮會起緩衝作用，瓶底將無法脫離。若瓶中裝滿水的話，沒有空氣壓縮緩衝，該壓力不減而四散傳導。

最後，舉個非常有名的例子。江戶後期，諸賞流派的老師用肘觸碰（肘攻擊）固定在柱子上的護具表面，護具表面毫無損傷但內側繫帶的地方卻破裂。雖然無法得知肘攻擊的具體方法，但應該不是像泰拳攻擊臉部般犀利的打擊方法，而是像中國拳法中把身體當成攻擊目標，將身體力量集中至手肘使出強大衝量的攻擊法。

保護身體的護具呈圓弧狀的，如圖4將此部位固定在柱子上，柱子的 P 角及 Q 角支撐護具。當用手肘撞擊護具時，護具內側貼近柱子的部分已彎曲，內側中央 A 點附近延展張力最大，因產生很大的張應力而破掉。這與圖2的板子，會從內側（下方）的板子開始破掉的道理相同。

圖 2　若下方的板子不易彎曲的話，就會先破裂

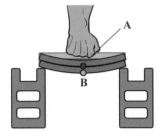

⬅兩塊疊在一起的板子同方向彎曲，中間的 A 點及 B 點是彎曲弧度最大的地方。若下方的板子不易彎曲的話，就會先破裂。

圖 3　瓶底脫落的原因

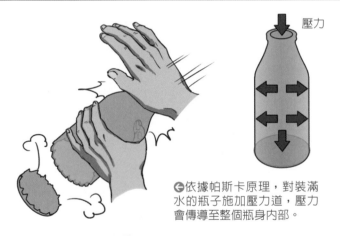

壓力

⬅依據帕斯卡原理，對裝滿水的瓶子施加壓力道，壓力會傳導至整個瓶身內部。

圖 4　護具內側破裂的原因

⬅柱子的 P 角及 Q 角支撐護具，護具內側貼近柱子部分已經彎曲。護具內側中央點 A（紅色圓點）附近，承受很大的張應力而破裂。

宣稱能穿透護具的底掌打擊法，真的有效嗎？

護具最主要有下列二個功能：

①防止利刃刺傷身體。

②分散來自外部的衝擊力，且不易變形。

就①的功能來說，例如鎖子甲，是由鐵鏈環串在一起製成的鐵質薄襯衣。防護效果佳的鎖子甲，雖然可避免受刀劈砍而受傷，但因容易變形，而會有被鐵棒毆打的衝擊感，或類似被棒棍攻擊或敲打的感覺。不論是護具或鎖子甲，同樣都有幾個地方比較容易變形。例如胴丸 * 是包覆身體的護具，為弧形拱狀堅硬的構造，不易受外力攻擊而變形，但是為了方便穿脫，在右側腹開合交疊處有以綁繩固定的構造（圖 1），用力擠壓或由前往內側交接部分打擊的話，會往內側彎曲，力道會傳導至身體。

要使護具嚴重彎曲變形且衝擊力能傳導至身體，其條件是衝量要很大且施以具相當重力的攻擊，才能達到此效果。圖 2 是柳生心眼流派中稱為「鐵砲」的掌底打法。伸出左手觸及目標，右腳前踏至左腳位置同時出右手好像要疊在左手上般，以掌底攻擊。當腳往前踏時重心的動量（= 體重 x 前進速度）若能適當傳遞，即可將該動量全部變換成衝擊力。

由上方俯瞰出掌瞬間的身體姿勢，是以攻擊的目標為頂點、兩手臂為邊而形成三角形狀。手臂不要彎曲，避免形成緩衝作用，力道就不會小於來自目標物的反作用力。對手肝臟周圍的部位（Liver Blow），會因受到超強的攻擊力道而受傷。

※ 日本的一種鎧甲，胴丸常與腹卷混淆，胴丸為側開式（右側綁繩），而腹卷不是右側開合穿脫，而是背開式（多會再增設一塊「臆病板」）。

圖1　護具的弱點

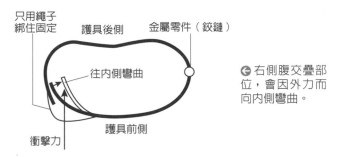

只用繩子綁住固定
護具後側
金屬零件（鉸鏈）
往內側彎曲
衝擊力
護具前側

← 右側腹交疊部位，會因外力而向內側彎曲。

圖2　柳生心眼流派的「鐵砲」

← 柳生心眼流派的「鐵砲」，其重心移動的動量在三角形的結構下，能隨時轉換成強大的衝擊力。

◉打擊

真的有無法抵擋的攻擊法嗎？

從結論來說，確實有這種攻擊法。甲野善紀老師教我的「重力攻擊」法，就曾經讓訓練有素的全接觸空手道對手身體搖晃跟蹌而站不穩 [1]。

為說明其本質，簡化「力」說明如下。關鍵在於移動中物體的

①動量（**Momentum**）＝ 質量 × 速度
②動能（**Kinetic Energy**）＝ $\frac{1}{2}$ × 質量 ×（速度）^{2}

以上兩個要件。動量的單位是 kgm/s；動能的單位是 J（焦耳）。動量與衝擊固定目標物時的衝量相等。

假設有一位體重約 70 ～ 80 公斤的人，如圖 1，用單手全臂（包含肩膀，設定質量 4kg）8 m/s 的力道（普通的出拳方法）出拳攻擊；和左腳在前右腳在後，右腳可隨時往前移動的「步法」[2]，並幾乎用全身（質量：64kg，扣除不太能移動的前左腳所粗估的值）2 m/s 移動時，（無法抵擋的攻擊）的動量和動能相比較下，如表所示。

在兩種攻擊方法動能幾乎相同時，選定質量和速度的理由，是因為在一次性的全力攻擊下，反映了能發揮的肌肉能量幾乎相同。

圖 2，隨著水平方向攻擊的衝量不同，普通的攻擊動量在方向上會有很大的改變。而無法抵擋的攻擊法，因動量的方向幾乎不會改變，與拳近乎是相同的方向前進。無法抵擋的攻擊法，相較於身體，手臂移動的速度不快，雖然沒有達到衝擊力的最大值，但出拳時由於手臂會緊靠身體，因此能與身體朝同方向前進繼續攻擊。這時對手將會因自身強大的動量（＝衝量）導致身體失去平衡，這時就對接下來的攻擊十分有效。

※1 與對手事先約定好，「此攻擊法由外而內，請確實受招」的情況下來對打。
※2 在力學的本質上，與在 Q06（第 26 頁）中「鐵砲」之步法非常相近。

圖 1　兩種攻擊方法的動作

⬆ 普通的攻擊
質量 4kg、速度 8m/s

⬆ 無法抵擋的攻擊
質量 64kg、速度 2m/s

表　兩種攻擊方法的差異

	質量(kg)	速度(m/s)	動量(kgm/s)	動能(J)
普通的攻擊	4	8	32	128
無法抵擋的攻擊	64	2	128	128

即使肌肉使出相同的能量攻擊，會隨攻擊方法不同而產生不同的動量。

圖 2　動量的方向差異

普通的攻擊，其動量方向
（與物體的移動方向相同）
會因攻擊衝量，方向而有
所改變。無法抵擋的攻擊
則方向幾乎不會改變。

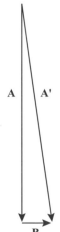

A= 攻擊的動量
B= 水平方向攻擊的衝量
A'= 攻擊後的動量

●打擊

何謂李小龍的截拳道？

以功夫電影名揚海外的大明星李小龍，是個實力相當高的武術家。據說，李小龍曾在中國廣東省學習了 3 年的「詠春拳」。

他學完詠春拳後，利用所學的武學根基汲取並融合各種格鬥技法的優點，加上融會自己特有的功夫，創造出了截拳道＊。截拳道不是運動型的格鬥術，而是和詠春拳一樣，是不論對手是誰，完全沒有規則的打鬥武術。李小龍除了熟練雙節棍及短棍（兩手握短棍棒打鬥的菲律賓武術）外，其發明的截拳道，是以徒手打鬥為前提的武術。

基本的姿勢是敏捷的手部動作，或是能強力攻擊的右手在前，前腳完全著地而輕輕踮起後腳跟，類似擊劍及跆拳道的基本姿勢。利用後腳的彈力，特別是雙腳步法能前後快速地移動，前腳（包括膝蓋）微向內側，並能攻擊對方重點部位的態勢（圖 1）。

李小龍曾研究過「像蝴蝶般飛舞，像蜜蜂般螫人」的專業拳擊手穆罕默德‧阿里的動作。他不僅使用拳擊的腳步移動方式，也採用與空手道相同的步法。動作千變萬化豐富多元，從前後、左右、斜角、迴旋到環繞對手的側面攻擊等，以輕盈敏捷的步伐來攻擊和防禦。

手部的技巧，除了有拳擊技法中的正拳、勾拳、上擊拳外，其他還有裏拳、平拳、手刀、拳槌、肘拳等來因應各種不同的狀況，可從任何角度出拳攻擊。也常使用指尖攻擊眼睛或喉嚨的技巧。除此之外，當抵擋並擊落對手第一拳的攻擊時，接著連續就出第二拳還擊對手，或是有時刻意接招抵擋，在抵擋的瞬間抓住拉引對方手臂讓對方失去平衡，趁其重心不穩而攻擊的技法。（參照 Q12，第 40 頁）

而腳部的技巧，因為有穿著鞋子，不論用腳趾前端、腳面（腳背）、腳底、腳跟等任何部位去踢，都比赤腳的力道強。使用迴旋踢時，因避免攻擊對方下體重要部位，不採用由外側大迴轉的踢法，而是與傳統空手道或少林寺拳法相同，直踢同時於中途變化成迴旋踢。

※ 自中國武術、拳擊、擊劍等汲取有效的技術。因李小龍 32 歲過世，也有人認為截拳道仍有尚未完成的部分。

圖 1　截拳道的基本姿勢

⬆動作較敏捷的右手在前，此為基本姿勢。而前腳略微
朝內，防禦下體重要部位，避免受到攻擊。

●基本的姿勢及技法

　　基本的攻擊姿勢，是如圖 1 的姿勢出右直拳，是像拳擊手般急促又輕快的攻擊，也能變成同時兼備快速（前拳）與力道（動作敏捷的手）的攻擊態勢。

　　如圖 2a，伸後腳同時將身體重量向前移動，腳跟狀似要向前方扭動的樣子，身體向左迴轉，因此能充分利用後腳的大肌肉群產生力量。接下來，因右肩快速向前方移動的關係，會產生如火箭發射般瞬間爆發的攻擊。

　　左拳隨時準備反擊，並在臉中央處以防護自正面而來的拳擊，持續防禦自左側的攻擊，狀似要轉向左側（圖 2b）回防。出拳時因身體向左迴轉，將此迴轉力道（角動量：Angular Momentum）傳導至出拳的手臂，就能順勢自然地牽引出手臂力量（圖 3）。

　　出拳時沒有像拳擊般地扭轉拳頭，要放鬆垂肘，幾乎是維持直拳姿勢，朝正中線上的出拳攻擊。若對手（採左前的防備姿勢）同時出左拳攻擊，可從上方用手肘壓制，使其攻擊方向移偏（圖 4），或是對方由上方出拳攻擊，可將拳頭大扭轉並以肘將其向外側彈開。截拳道並不拘泥於任何特定的形式（在此是指拳的扭轉），從小技巧到實戰，針對不同的對手隨機應變為其最大的特徵。

圖 2　截拳道的直拳

（a）　　　　　　　　　　　　　（b）

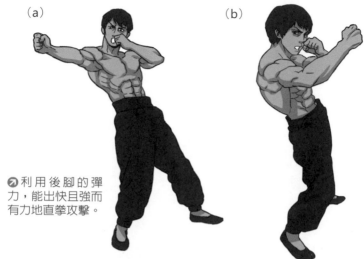

↗利用後腳的彈力，能出快且強而有力地直拳攻擊。

圖 3　直拳的力學合理性

←出右拳時，身體向左迴轉。利用此迴轉力道傳遞至攻擊的手臂，在向左迴的弧線上，保持正中心線位置，同時把拳拉回。

圖 4　直拳的優點

↑扭轉拳頭方向即可攻擊對方。　↑直拳的情況下，可利用肘部使對手的攻擊移偏，只有自己能攻擊成功。

●打擊

為什麼截拳道常使用貫手？

截拳道的貫手（Nukite）也稱為標指手（廣東話中詠春拳的貫手即為指標手，Bilgee），不是用一隻（食指）或兩隻（食指和中指）手指，而是用所有微彎的手指前端攻擊[1]。雖然因接觸的面積不大而衝擊力較小，但衝擊壓力卻很大[2]。貫手的特徵，有以下三點：

①主要是攻擊眼睛。
②不能期望有強大衝擊力的攻擊法，所以出手速度要快。
③自拳的彎曲關節開始算起，可多伸長約 10 公分的距離。

首先，就①而言，因為眼睛是無法鍛鍊的重要視覺器官，所以作為虛擊或牽制對方的技法，非常有效。

就②而言，即使是完全不具威力的快速輕拳，因為是相互攻擊，手臂也需要發揮某種程度的氣勢（動量）或能量。而標指手只需輕力攻擊即可，下半身不必出很大的力量，光「用手戳擊」就非常具有攻擊力道了，而其要訣在於出手速度要快。

就③而言，如同拳擊中所指的 Reach（兩手臂水平伸直所能到達的長度範圍）會多 20 公分是一樣的，也可以攻擊到身材高大的對手。

貫手可當攻防一體的技術來使用（圖 1）。面對對手的攻擊，可以單獨使用貫手，或是將來自內側或外側的攻擊沿著自己的正中心線擊偏，並攻擊對方眼睛。若對手出拳壓制而來，這時就可以用另外一隻手輔助抵擋防禦，也能更快的反應與攻擊。

截拳道，是從自己已出拳手臂的上方或下方的正中心線出下一拳攻擊為特徵。圖 2 是用手肘攻擊後，立刻在對手不容易看到的手肘下方瞬間貫手攻擊。

※1 空手道的貫手也是要手指微彎。若手指完全伸直，會因戳這個動作的衝擊力道，讓手指過度反折而有受傷的危險。

圖1　手臂抵擋攻擊，同時以貫手反擊

🔼 從外側壓制對手的攻擊。

🔼 對手強力直擊而來的攻勢，可以用另外一隻手輔助抵擋。

圖2　有效的貫手使用方法

◀️ 手肘攻擊後，立刻利用肘下方死角以標指手攻擊。

※2 請參照 Q43（第130頁）。

截拳道出拳的攻防特徵為何？

　　很多格鬥技或武術對於手部的攻擊技巧，多半是「自抵擋後，才開始反擊」的情況居多。特別是空手道，以要扭傷對方攻擊手臂的氣勢下，在抵擋的瞬間出力，但是自己的動作可能會在剎那間停住。而截拳道，則是以一個動作同時抵擋和攻擊為基礎。不使用蠻力行動，動作也不會停止，行雲流水般地承受抵擋，自然而然產生反擊威力※。

　　接下來，用具體的實例說明（右頁圖）。

　　圖 a 中對手出拳攻擊臉部時，用右手抵擋使其移至外側，利用產生的空檔出拳反擊對手臉部。因右手以拉引方式抵擋對手的攻擊，對手感覺不出力道，不容易發現已被抵擋，藉由拉引力道將身體自然往右迴轉，出左拳反擊。

　　圖 b 為面對朝臉部勾拳攻擊的對應方法。以身體基本的預備姿勢，當身體左迴轉時，相對於身體的轉動，只要稍微移動手臂即成防禦和反擊姿勢。

　　圖 c 為面對朝身體勾拳的攻擊對應方法。柔軟使用上半身，身體要閃躲不要成為被攻擊的目標。如果對手再追加勾拳攻擊時，仍然是運用左迴轉時出左臂防禦，並趁隙由正面攻擊對手臉部。

　　圖 d、e 為面對朝身體直拳的攻擊對應方法。截拳道因腰部以下部位較弱又不耐打，常成為攻擊的目標，遇到這種情況時，不要過度迴轉身體，只需將對手攻擊的手臂拍落並反擊對手臉部，若使用太強的拍落力道，對手會因該氣勢而變換其他形式的拳法攻擊，所以儘量輕輕揮落即可。

※ 有關於反擊的威力，在作者的另一本著作「格鬥技的科學」（Science I 新書）中，
Q26 有詳細說明。

圖　截拳道是防禦的同時攻擊

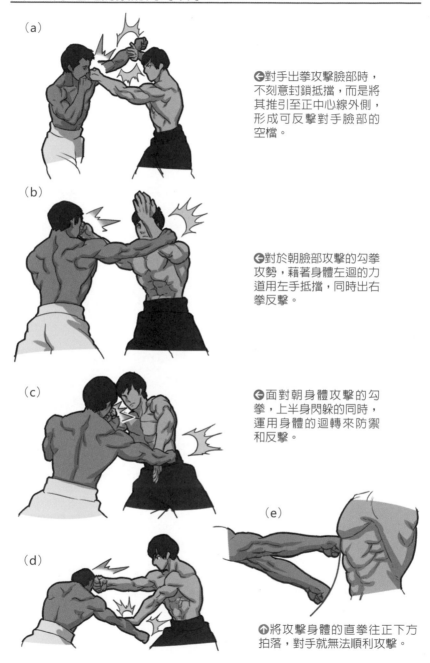

（a）

對手出拳攻擊臉部時，不刻意封鎖抵擋，而是將其推引至正中心線外側，形成可反擊對手臉部的空檔。

（b）

對於朝臉部攻擊的勾拳攻勢，藉著身體左迴的力道用左手抵擋，同時出右拳反擊。

（c）

面對朝身體攻擊的勾拳，上半身閃躲的同時，運用身體的迴轉來防禦和反擊。

（e）

（d）

將攻擊身體的直拳往正下方拍落，對手就無法順利攻擊。

●打擊

截拳道特有的手部攻擊技巧為何？

利用李小龍的電影「龍爭虎鬥」中所看到的比賽場景，來介紹截拳道的手部攻擊技巧。

對戰的兩人，相互以右手前臂相交的狀態下開始。當出右拳攻擊時，只感覺對方的手臂阻擋了攻擊[1]。若是對此很熟練的人，會運用碰觸對方手臂的觸感來察覺對方的動作並加以防禦；但對一般人而言，會覺得非常困難。

電影中，李小龍使用拍手[2]（PakSao）的招式將對手防禦的手臂揮落後，立刻出拳攻擊臉部。幾乎所有的觀賽者能感受到李小龍出拳速度之快，但卻無法理解其對手是怎麼被打到。接下來說明拍手招式的技法。

圖 a 中，雙方面對面、右前臂相交接觸的狀態。此情況下，與不知哪一方會出標指手或裏拳攻擊對方臉部的狀態非常相似。從這個狀態開始，右邊的人一邊前進，一邊用左手將對方的右手撥落（圖 b），更進一步，壓制對方右手並攻擊臉部（圖 c）。

技巧熟練的人會使用拍手招式，即使對手非常小心也無法防禦。當前進時，不要移動手臂相交的接觸點，而且因施力不變，動作不易被對手察覺；就算被察覺了，施以不會被撥落的臂力抵擋，可各自撥開對方手臂。不僅是用手撥落，而是運用前進的氣勢將抵擋的手臂徹底擊潰。換句話說，是以手當成身體的力道壓制對方。

其中有些人使用拍手時，會柔軟地使用全身關節來守住並維持被撥落手臂的位置。遇到像這樣的對手，當下就要改變戰術。利用出右拳輕打對手臉部時，讓對手以右手承接抵擋，就可用左拳攻擊對手無防備的右邊身體。

※1 指武術中的聽勁。
※2 應該是源自詠春拳的拍手招式，名稱雖相同但內容技巧不同。

圖　截拳道的「拍手」招式

（a）

自前臂接觸點的力道或動作開始，解讀對手的攻擊意圖。使用標指手或裏拳的攻防時，常會形成此狀態。

（b）

（右方）在不移動接觸點下前進，就不容易被對手察覺。用左手拍落對手的右手。

（c）

壓制對手被拍落的右手，並出右拳攻擊。在（b）的狀態下，身體已迴轉至右側。接下來，身體往左迴轉的話，即使對手的臉部向後（圖左）閃躲，右拳也可以完全攻擊到對手的臉部。

截拳道攻擊時，能與擒拿混用嗎？

前述的拍手並不只是單純的打擊技巧，再介紹一個詠春拳的拉手（LopSao）技法，將抓與打擊巧妙地組合併用的技術。

圖 a 為 B（左）抵擋 A（右）貫手攻擊的瞬間，在 A 刻意讓 B 抵擋時已準備好攻擊的情況。對手 B 抵擋的瞬間，A 立刻用右手抓住 B 的手腕（圖 b），並用下半身大肌肉群的力量將身體往右旋轉，同時因帶動左肩往前的關係，在強力往右拉引牽動下，出左拳攻擊對手臉部（圖 c）。

要注意的是不論拉或打的攻擊，都不是只有運用手臂的力道而已，所以威力會很大。

不知道此技法的對手突然被牽引，會有受到像鞭打症 ※ 般的衝擊晃動，身體立刻失去平衡。此技法不是「抓住再拉引」，而是「開始準備攻擊的勢態下，直接連結拉引動作」。就我的經驗而言，即使對初級防身術的掙脫技或關節技（攻擊關節的技法，如反向彎曲或扭轉關節等）多少有些瞭解的人，會連準備動作的反應時間都沒有。身體因毫無防備而失去平衡的瞬間，雖然是比較輕微的衝擊力，也會造成嚴重的傷害。

B 若知道此技法，像圖 c 中 A 的左拳攻擊，B 應該只能用左手去抵擋，於是 A 再出左手拉手，將 B 的左手拉至已向下拉引壓制住的右手上（圖 d）。這種壓制的方法，在力學上是不可能撥彈開的。於是 B 瞬間雙手無法動彈，根本不能抵擋 A 朝臉部的攻擊。

拉手可與前項的拍手混合使用。

※ 亦稱為外傷型頸部症候群（Traumatic Cervical Syndrome，TCS），當受到強力衝擊時，頭和身體分別被不同方向的強力牽引，因而產生各種型式的傷害症狀。日本稱為鞭打症，是因受衝擊導致強力拉引後造成的彎曲感，以鞭來比喻形容。

圖 截拳道的「拉手」招式

（a）

B 抵擋 A 對其臉部的攻擊。

（b）

A 攻擊的右手直接抓住 B 的手腕處。

（c）

使用腰部以下大肌肉群的力量，將身體往右旋轉，同時將已抓住對方的右手強力向下拉引牽制，並出左拳攻擊對手臉部。

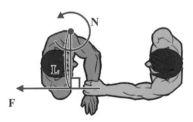

（上方俯瞰示意圖）

A 的手臂完全伸直的關係，能以很強的力道（**F**）壓制。B 若想抵擋此力，需要施以左肩關節周圍的力矩 $N=FL$，當 **F** 及 **L** 都很大時，**N** 也會非常大，所以這是不可能的。

（d）

B 以左手抵擋 A 左拳攻勢，A 再次使用拉手將 B 的雙手壓制後攻擊臉部，B 便無法閃避攻擊。

●打擊

何謂截拳道的踢技攻防？

在 Q08（第 30 頁）中有提到截拳道是穿著鞋子踢，因此比赤腳更具有強大的威力。截拳道也與其他武術或格鬥技一樣，腿部也擁有相同或類似的防禦及攻擊的踢法。在此就介紹截拳道中常見攻防一體的踢技。

在圖 1 中，當對手出左直拳攻擊，此時臉部閃躲攻擊並轉動肩膀帶動身體往左迴轉抵擋，同時利用此迴轉產生力道，踢對手維持身體重心的那隻腳，也可以攻擊下體重要部位來加以反擊。

圖 2a 當對手用右腳高位側踢攻擊，在抵擋的同時用右腳（前腳）踢對手下體重要部位。相較於全接觸空手道及泰拳流派自橫向大迴旋的踢法，幾乎是相同的形式，能以腳底壓制對手的膝蓋及大腿脛骨部位。

圖 2b 則是對手出右腳高踢抵擋的同時，用左腳反擊對手支撐身體重心的腳（或下體重要部位）。就像圖 2a 中同樣要躲開對手攻擊的腳，移動腳步，閃避對手攻擊速度最快的時間點，然後立刻快速出腳反擊。

圖 3 的狀況是對手欲出腳踢擊的瞬間，立刻用後方的左腳踩踏住對手攻擊的腳。此踢法，與中國武術的「斧刃腳」相似，但又與足刀腳 * 不同。腳的大拇指朝上的關係，能快速地出後腳攻擊對手的任何部位。

此法很容易將自己身體的動量向前方傳導，輕鬆就能壓制住對手的踢技攻擊，而讓對方失去平衡。或是，在對方不注意伸直前方膝蓋站立的瞬間重踢其膝蓋處，能給對方帶來極大的傷害。

※ 以圖 1 的踢法，用腳的小拇指側邊去踢擊。

圖 1 截拳道的踢技①

◀當對手出左直拳攻擊時，臉部閃躲的同時，重心移到後腳（成為踢腳的重心支撐），肩膀帶動身體往左迴轉，避開攻擊，並踢對方支撐身體重心的腳（或下體）。

圖 2 截拳道的踢技②

（a）

（b）

↑ 配合高腳側踢，同時用前方右腳踢對手下體重要部位。

↑ 腳步朝水平方向些微移動，避開高腳側踢的攻擊，將身體向右迴轉，用肩抵擋的同時攻擊對方支撐重心的那隻腳。

圖 3 截拳道的踢技③

◀面對來自對手的踢技攻擊，用似斧刃腳的踢法壓制。利用身體重心往前移動的氣勢（動量），對手很快就會失去平衡。

●打擊

有增強耐打程度的
武術獨特訓練方法嗎？

想提高承受攻擊力的科學方法，在我的另一本著作「格鬥技的科學」中有詳細說明。在此，稍微補充說明一下。

沒有鍛鍊頭部堅硬耐打的方法。增強頭部強度的方法，只有減少因打擊造成頭（腦）部的震動而已。舉例來說，對於攻擊右臉下顎的勾拳，左肩要朝前方內側上提，左臉的下顎貼近左肩鎖骨的地方並儘量固定，減少因攻擊而造成的頭部晃動。相同的原理下，用單手或雙手保護頭部且固定穩住，封鎖對方的攻擊同時用手肘向前方反擊，以減緩頭部傷害。

接下來，介紹兩個能提高身體攻擊承受度的中國武術方法。不論哪一個都尚未得到科學上的實際證明，但就我的親自體驗而言，確實有效。

武術家伊藤真一精通中國武術，他教我其中的馬步站樁功（圖1），兩腳與肩同寬，腰略微往下沉的站法。右小腿及大腿胯下幾個地方會微酸，雙手向前平伸掌心向內，似環抱一顆球向內側或外側輕扭轉。伊藤說「請先記住這感覺」時，突然下段攻擊側踢我的右腳，我雖感覺到衝擊力但並不覺得疼痛，膝蓋也沒有位移，安然無事地維持原姿勢。

另一個是太極拳專家池田秀幸，在很多來參加研討會學生的面前，教我立身中正及其他太極拳的站立姿勢。將我的右手略微前伸順勢呼吸，然後說「維持住此感覺」時，打擊我的右胸（圖2）。我感受到如同旁觀者會發出驚叫聲「啊」一般的攻擊力道和強烈的震撼，但我卻完全沒有受傷。不論哪一個姿勢，不耐打的我都完全沒事，這讓我再度重新思考「人有未知的潛能」。

圖1 馬步站樁功

⬅ 中國武術基本入門姿勢之一。初學者一開始練此動作，常會有腿、膝蓋等部位痠痛的症狀，是非常辛苦的鍛鍊。

圖2 在指導下學習的太極拳之站立方法

作者　　　　　　　　　　　　　池田秀幸

⬆ 池田秀幸教我立身中正、含胸拔背、壓肩垂肘等太極拳的姿勢，瞬間產生了不可思議的受力力量。

●打擊

何謂有效突破肌肉防禦力
的打擊方法？

前述內容，是我在特殊的操作下，瞬間抵禦重擊的實際經驗。不刻意使用肌肉氣力去對抗衝擊力，因此身體不會受傷。在本節中，反而是讓利用肌肉收縮力抵擋衝擊力的對手受傷的方法。這種打擊法與一般的打擊相比，與其說衝擊力相同，倒不如說較小。

舉具體的例子說明。當用正拳或平拳 ※ 打擊對方胸部時，一般是用拳頭（關節）或拳的小指側等部位，將衝擊力傳遞至胸部。但這種打擊法，正拳（有時從輕微接觸的狀態開始）與空拳的扭轉相似（圖1）；而平拳也是用前手臂的扭轉（圖2），接觸部分是以在胸上滾動的方式移動。

雖然正拳與平拳的形式不同，但不論哪一種，都是拳的小指側先觸碰到對方身體，最後用大拇指側邊傳遞衝擊力，最初與最終接觸點的移動距離約 10 公分。

即使面對黑帶上段者的正拳攻擊，也能處之泰然抵擋的全接觸空手道經驗者，在老師用這種方法輕輕攻擊後，都會發出哀鳴而站不穩，或是用平拳或螳螂拳輕輕攻擊時，先不說衝擊力，無法忍受的疼痛感特別是從最後接觸到的大拇指邊緣處，穿透至胸部深處。保護腹部的腹肌及胸部的胸大肌，因面積相當大，即使拳的接觸點改變，應該能用相同的肌肉收縮力去抵抗才對，結果卻發現，似乎與肌肉的收縮力關聯不大。

雖然無法詳細說明原因，為了避免因衝擊力而受傷，需要的不僅是肌肉的收縮力，應該還包括皮膚或筋膜的緊縮以及其他身心上的準備（太極拳所謂的「氣的集中」）。也許是因為接觸點的變化，導致身體無法做充分的防禦準備所致。

※ 意指握拳的手掌伸平（譯註：手指的第一關節與第二關節彎曲，而手指根部與手掌平伸的情況）而大拇指並列在中指旁的招式，依螳螂拳的特殊握拳法下，其攻擊方法及原理，與使用平拳時幾乎相同。

圖1 貫穿肌肉「護具」的打擊方法

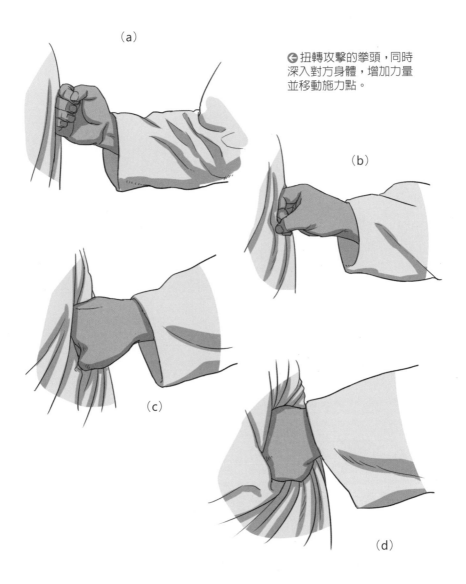

（a）

⬅扭轉攻擊的拳頭，同時
深入對方身體，增加力量
並移動施力點。

（b）

（c）

（d）

圖2 螳螂拳式的打擊方法

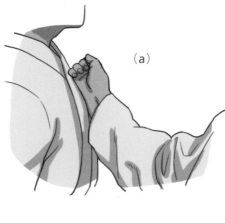

(a)

← 一般像圖（b）的握拳方式，以手握拳的小指側平坦處攻擊。依（a）、（b）、（c）的順序邊轉動並攻擊胸部，胸部深處會感覺到難以忍受的疼痛。

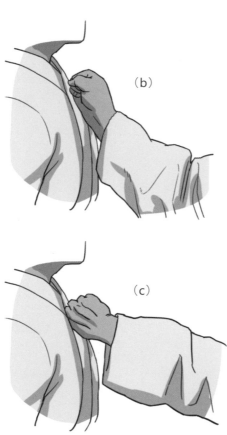

（b）

（c）

第 **3** 章 劍術、居合術的科學

● 劍術

什麼是真劍搏生死？

我小時候非常流行古裝劇的電影，常看到主角孤身對付群敵，砍殺一個又一個敵人的景象。在有名的「鍵屋之辻決鬥」為題的電影中，劍客荒木又右衛門，持助太刀討伐仇家，擊斃了三十幾人。然而這是虛構的情節，實際上估計應該只能砍殺二人而己。

一般常理下，如果一開始鬥劍時，馬上就有二人被砍殺而死的話，應該會評估是否能贏過像這樣的強敵，就算很多人同時攻擊敵方，即使有獲勝的可能性，己方也會有一、二人遭受砍傷。所以，只要其中一人先逃命，留下來的人也會想著「保命要緊」而快速逃離。這與最先失了 1 分，之後再得 2 分就能反敗為勝的比賽不同，失去這 1 分的話，人生就結束了。

像這樣的比賽，因為攸關性命，常會因為太過緊張而無法發揮全部實力。即使熟知手要放鬆、不緊握刀柄的劍術知識，但在實戰後，常有握著刀柄的雙手太過僵硬，而無法輕易鬆開刀的例子。這就是，真劍搏生死的實戰心理。

● 真劍搏生死的具體事例

接下來謹記實戰心理這個概念，來看看真劍搏生死的例子。在一次學習會中，我手持竹劍與手持真劍的老師比賽劍術。老師朝我走近的時候，我用竹劍橫向攻擊，快速地占了上風。參加學習會的人當下見狀，都認為如果該竹劍用粗的磨刀石 *1 研磨過的話，「刀接碰手指，手指就會斷」、「輕輕砍到手腕的話，手腕就會斷」。

我手握竹劍採正面面對姿勢，老師的持刀姿勢讓我只能看見似小點般的刀，心中覺得有些怪異。竹劍與劍的前端相距約 1 公尺，從距離上來看，應無法相互攻擊。但老師慢慢變換姿勢前進，我為其步步逼近的氣勢而恐懼和折服。

本想停在原地應戰，最終還是趁機退到道場旁邊。

※1 磨刀石一般有分粗細度。有劍術家認為要「完全磨到細緻光亮，才能銳利地劈砍」。

圖 1　只看到如點般的刀

⬆ 像這樣的備戰姿勢，自對
手方向看來，即使手持長刀，
對手也只能看到一小點。

在我之後與老師比賽劍術的，是一位在劍術上比我更有心得的人。面對老師利用空隙攻擊，他也不畏懼閃躲，我見狀心想「真是厲害」，但卻也聽到別的老師說「在剛才的空隙時，他早就被砍到了。如果像前一位一樣因本能的恐懼而退下的話，就沒事了」。

接下來是我的家族親戚中口耳相傳的幕府時代的故事，是屋主與持刀闖入家中的小偷真劍搏生死的例子。雙方手中都握有刀，對峙了約 30 分鐘（正確的時間並不清楚，主觀感覺對峙了好久），雙方都不敢採取行動。屋主之後發現空檔，趁勢砍傷小偷的手臂，而小偷轉身後逃逸。

1970 年代的「三島事件」，諾貝爾文學獎候選人三島由紀夫與四名「楯之會」的成員，一起入侵了東京市谷的自衛隊駐營地發起兵變，最後因無人響應而失敗，他們的結果是依日本傳統儀式切腹自殺。執行切腹儀式的森田必勝說，第一刀沒砍到要害，第二刀砍到牙齒，不僅刀子缺了三個角，刀身也彎曲了。

拔刀術的專家研判，因為心智精神力的猶豫不決，在握刀不確實的情況下，導致刃筋（參照 Q36、Q37，第 112 ～ 115 頁）方向錯誤，應該是造成切腹失敗的原因。

據說，舊日本軍人跳到敵人的壕溝，用武士刀劈砍敵人時，冷靜做出了「避免砍到頭盔，用袈裟斬 *2 劈砍為有效的攻擊」之判斷。處在像戰場般混亂的狀態下，若能保持鎮定與冷靜，並且有自信、不猶豫的話，應該可以發揮平常的實力。

先不論事情的善惡，而是必須具備「捨棄身體才能從痛苦的困境和狀態中脫離出來」的心情。這就是真劍搏生死與比賽完全不同的心境寫照。

※2 自頸動脈或鎖骨附近，斜切而下經過心臟、肺的劈砍方式。

圖 2 　只看到如線般的刀

⬆ 像這樣的備戰姿勢，只看到刀似一條線，對手不易判斷空檔而便於攻擊。隨著劍士身體的移動而產生的閃爍刀光，會令人心生恐懼而身體僵硬。

真的能空手奪白刃嗎？

　　一般常說空手奪白刃，指的是面對由上而下往頭部劈砍的刀劍時，以雙手合掌的方式挾刀並奪取。為了安全，如果想測試或練習時請用手刀[※1]取代真刀。一般情況下，如果挾刀時機太晚，就會打到頭；太早的話，手會被打到。

　　手掌平伸的長度約 10 公分，以每秒 30 公尺的速度（時速 108 公里，差不多與揮棒的速度相同）[※2]劈砍而來的刀，只要 1／300 秒就可通過兩手掌間空隙。因為速度太快，完全不可能掌握挾刀時機，或者是自然的動作下，雙手掌根合併，兩手手指前端開成 V 字型來挾刀，若手稍微朝左或右偏 1 公分，手掌根部將會被斬斷。

　　假設運氣好，正確掌握了時機，手的位置也非常理想，因此挾住刀了。但是，刀的重量約 1 公斤，與球棒差不多重。挾住刀的雙手若無法承受刀的強勢攻擊而手肘彎曲的話，頭部就會在手挾住刀的狀態下被砍到，而且不要忘了就算頭沒被砍到，頭部也承受像被球棒打到般的衝擊力。刀是鋼鐵製成的棒子，其殺傷力有增無減。

　　實戰的話，刀就不只有直接劈砍而下，還有揮斬或刺擊等攻擊刀法。因此，也有可能手挾住的地方以外（如刀鋒、刀鍔）會劈砍到頭，或是對手在發現刀被挾住的瞬間轉動刀刃的話，手會嚴重受傷。

　　從以上狀況可知，應該無法用雙手奪取已出鞘的刀劍。

　　接下來，再看一下實戰中奪刀術方法。作者印象最深刻的是極真空手大會的武術表演中，大山茂所揭露的內容。有二人面對面正坐，對手以很快的速度拔刀迎面劈砍而來，大山配合其動作，用單膝跪姿立起身來，單腳往前踩，在刀無法充分加速度的時機下，以像拍蚊子般的手勢挾擊移動速度比刀尖端慢的刀身中央，同時像腳底踩住對手腹部般，用力踢向對方來奪取刀子（圖 1）。

※1 是指五指伸直，使用小指側邊的掌根附近部位。
　　※2 粗略概算下，也有時速 200~300 公里的數值。

圖 1　在被劈砍前，先奪刀壓制對方

⬅在對手揮刀的瞬間，利用空檔雙手挾住刀，同時用腳踢向對手腹部使其彈開。

⬅若對方伸出左腳的同時，揮刀朝水平方向劈砍而來，將無法奪取刀劍。

對手由上劈砍而下時，刀移動遲緩的瞬間會產生空檔，而能挾住刀的中央是因為沒有漏掉該空檔，且提早掌握空檔的緣故。還有似打蚊子般的拍掌，如之前提到平掌是不會被砍傷的；再就腳踢的部分，能讓對方身體失去平衡無法扭轉刀身，所以能輕易奪取刀劍。

　　像這樣環環相扣的狀況下，只要稍微錯失良機，幾乎就會失敗。其他人實際嘗試相同的技法後，發現不但容易失敗而且手掌會受重傷，因而產生許多不為人知的事情。

　　實戰的話，對手若將左腳往後延伸，同時比適合劈砍的距離再遠一點時，對手就有可能朝水平方向揮砍而來。此情況下，即使自己的腳往前踩步，手也挾擊不到刀身中央部位，而且對手揮刀時，刀已行進相當快的速度，實際上是不可能空手奪白刃的。

　　最後，介紹最實在的奪刀技巧。

　　在真劍搏生死對手的斬擊力很強時，雙手握住刀柄以一般的方式抵擋的話，身體會隨刀的操作而失去重心，所以要像圖2的方式來抵擋攻擊。緊接下來的瞬間，左手握住對手的刀背處沿著自己的刀緣滑行，朝刀的尖端（刀鋒）處移偏，並順勢劈砍對手肩頸關節處。但這技巧是因為武士刀只有單面開鋒，所以才能成立。

圖 2　在實戰中，最有可能奪取刀子的技巧

❶

🢐用左手輔助支撐自
己的刀來抵擋對手的
攻擊。

❷

🢐左手抓住對手的刀背，
並往左邊（接近自己刀的
刀鋒處）移偏。自己的刀
要往右拉引移動。

❸

🢐已向右扭轉的
腰往左迴轉，同時
劈砍對手。

與對手刀劍相接時，
其力學關係為何？

刀與刀的相互碰擊糾結、壓制，或揮擊對手武器時的力量，如圖 1 所示。但是自己的刀基本上沒有施以攻擊力道，所以不會因劈砍而產生衝擊力。圖 1 是刀的刃筋 [※1] 方向的力量描繪圖，與水平橫向揮刀時的關係相同。刀本身的重量並沒有計算在內。

圖 1，武士刀一般的握刀方法，是將刀的尖端向下壓時，右手在前、左手在後的方式握住刀柄。右手是向下壓的施力為 F_R，左手是往上提的施力為 F_L。左右手施力方向相反，看似白費力氣，但左手的提力也向下壓的話，刀柄會以 C 點為中心往下方似畫圓弧般移動，將完全無法抗衡對手的力量 f。為了要對抗對手的力量，只能像圖 1 中的公式（2），利用兩手的力量差 [※2]。

因刀柄長約 25 公分，圖 1 中的 l 為雙手握柄的間距，最大約 20 公分左右。假設右手與對手刀的距離 L 為 60 公分，來自對手的力量 f 為 10kgw[※3]。從（1）和（2）的公式中，可算出 F_L=30kgw、F_R=40kgw。假設 C 點距離鍔根約為 L=30 公分的話，則算出 F_L=15kgw、F_R=25kgw。

所以，如果想在對手的刀刃部分增加壓力的話，要儘量靠近鍔根部位去抵擋，而在對手刀的尖端附近施加力道的話，相反地則會比較有利攻擊。

接下來，應用上述原理，介紹需要高度技巧的柳生新陰流派之「合擊打」，其他流派也有同樣的技巧。

圖 2，右邊的 A 由正上往下劈砍 B，左邊的 B 雖然遲了一步，但也在瞬間以相同的招式攻擊對手。結果，B 用鍔根部位抵擋在 A 刀身中央附近的位置，由此情勢下，雙方稍微朝垂直方向施加力道直接劈砍而下的話，A 的刀朝下偏移砍空 [※4]；而另一方面，B 的刀走向不變，於是能砍傷 A。

※1 刃筋，是指刀劈砍物體時刀刃的軌道。
※2 此項目的計算與槓桿原理有關。

圖 1　刀劍相接時，施加在刀上的力量

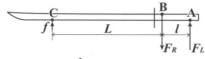

$$f = \frac{l}{L} F_L \qquad （1）$$

$$f = F_R - F_L \qquad （2）$$

A、B、C 點各別為力的作用點
F_L：左手將刀柄向上拉引的力量
F_R：右手將刀柄向下壓制的力量
f：來自對手（刀劍等）的力道

圖 2　柳生新陰流派的合擊打

←右邊的 **A** 從正上方劈砍左邊的 **B**。**B** 雖然遲了一步，但也瞬間用同樣的招式反擊。

←晚一步出手的 **B** 用刀鍔根部抵擋 **A** 的刀，很容易沿垂直向方劈砍而下。

←**B** 維持該姿勢劈砍而下；而 **A** 的刀朝下偏移砍空。

※3 所謂 1kgw（公斤重）是指用一般稱為「1 公斤的力」加諸於重 1 公斤的物體上所受到的力。
※4 Q20 圖 3（第 65 頁）的方法，也是運用身體的操作來應用此方法。

但是這說起來容易，晚出手的瞬間揮刀時機非常難以掌握，太遲的話就會先被砍傷。或是，當對手的刀往橫向彈偏，同時要維持自己的刀走向不變的話，必須要輕柔有彈性的握刀並和全身的動作相互配合。

小野派一刀流的老師們用無刀刃 [*5] 的真劍武術表演，讓我有機會近距離觀摩上述技巧。刀和刀相互碰擊的瞬間發出非常尖銳的金屬撞擊聲，某一方的刀被彈飛，而另一方的刀剛好不偏不倚地停在對手的頭上。除了技術的精進修練外，若沒有堅定的精神毅力，是無法學成此技術的。

像 **B** 這種抵擋方法，雖然以鍔根部位抵抗會非常有利，但原理上只能運用雙手力道差來對抗。如果對手的力 f 很大的話，一般的握法就無法與之抗衡。

為了對抗對手強大的力量，如圖 3 用另外一隻手（通常是左手），不是支撐刀柄，而是從刀背 [*6] 處支撐刀刃部分。在公式（3）中，用雙手力的總和不僅能對抗對手的力道，也能對抗很大的衝擊力。假設 L_L=30 公分，L_R=40 公分，即使對手以全身的力 f=70kgw 施加力道，F_L=40kgw，F_R=30kgw，即可用較小的力道去對抗。

即使對手用如薙刀般又重又長的武器攻擊時，利用手臂當緩衝，稍微使用一點時間去抵擋的話，對手的力 f 就不會變得太大（圖 4）。相反地，若用兩手臂力道持刀瞬間去抵擋的話，因衝擊力變大，隨著對手武器的重量及攻擊力道，刀就有可能會斷裂。

※5 指刀刃被破壞或沒有刃的刀。
※6 武士刀多為單面開峰，指沒有刃的那面。

圖 3　對抗力量強大對手的方法

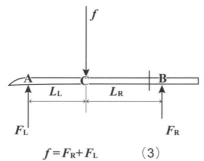

$$f = F_R + F_L \qquad （3）$$

$$F_R : F_L = L_L : L_R \qquad （4）$$

◆手由刀背處支撐刀刃的話，能對抗對手強大的力道。

圖 4　面對手持很重武器的對手，也能與之對抗

↑對手手持像薙刀般又重又長的武器攻擊時，用整個左手掌支撐住刀的側面。

◉劍術

古裝劇中以刀背攻擊的狀況，是真的嗎？

　　古裝劇裡，劍客被對手包圍時所說的「我用刀背攻擊，不會傷及你們性命，安心吧！」這是常見的對白。不做沒有意義的殺戮是好事，實際的真劍搏生死，可就沒有這麼簡單了。

　　首先，一開始就將刀反過來用刀背攻擊，可讓對手知道自己並無殺意也非實戰，可安心對打。用刀背攻擊，因與刀刃的彎弧反向不好使力的關係，無法使用如 Q18 圖 4（第 61 頁）中所示的抵擋方法，也較難發揮平常的實力。

　　現實中，用一般的武士刀握法，當對手確實知道要被砍，而刀在接觸到他前，例如左手突然扭轉刀身，但對手會因以為真的要被砍傷而受驚嚇倒下。

　　當然，即使是擅長用刀背攻擊的人，也會遇到一些問題。扭轉刀身時沒有掌握好，而使用刀兩側平面附近劈砍，這樣刀很容易彎曲變

圖 1　武士刀有彎弧的設計

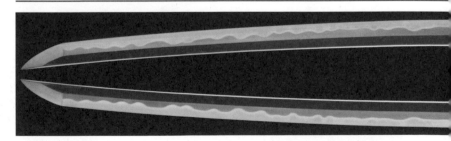

⬆照片是江戶時代後期，御用鍛冶的御勝山永貞所製作的刀。刀刃長 77.3 公分（2尺 5 寸 4 分），彎弧是 1.5 公分（5 分）。
照片由劍之屋（Tsuruginoya）所提供。
http://www.tsuruginoya.com/

形或折損。就我的經驗而言,即使刀沒折損,但刀若稍微彎曲變形,揮刀時會有明顯的不協調感,無法發揮刀本來的功能。

　　如果用刀背類似「刃筋直立」的劈砍攻擊時,又會如何呢?在Q41(第124頁)中,劈砍物體的刀已有相當程度的彎曲變形,這是因為在刀刃處產生壓縮力、反向的刀背處產生張力的原因使然。堅硬但脆弱的刀刃會用耐壓縮的鐵,刀背則用具延展黏性的鐵鑄製作而成。使用刀背攻擊,刀刃處會產生較大的張力,而刀刃的設計有非常細微的刻痕(更不用說,刀刃有缺口或變形的話),會隨著張力的大小,很容易產生龜裂而折斷。

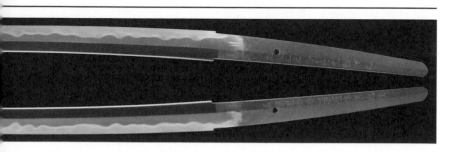

◉劍術

用刀抵擋對手的刀時，秘訣為何？

身體正面持刀且眼睛正視前方為基準動作，因刀不只可以劈斬也可以刺擊，所以一定要守住正中心軸線。受到攻擊後反擊，或是先出手揮擊對手製造空檔，雙方趁勢相互攻擊。

揮刀的方向一般分為上下及左右兩種，斜方向的揮刀，則視雙方出刀的方向而定。如 Q18（第 58 頁）所說明，雙手互相反向出力操作下揮刀，劈砍力道較強的人比較容易採取有利攻擊的身體姿勢。從結論來說，眼睛直視前方劈砍時，要注意以下二點。若對手手持刀以外的武器也一樣。

①垂直方向，能發揮強而有力的攻擊
②水平方向，只能發揮較弱的攻擊力

稍微比水平高一點且刀鋒朝下地立起刀，雙手握柄向下揮砍時，在前方的右手是壓力，後方的左手是提力（圖 1a）；向右揮砍的話，前方的手向右的力，後方的手向左的力（圖 1b）。在此，來看看手臂的出力情況。

曾經鍛鍊過肌肉的人，應該都知道手臂往身體方向上下提拉出的力量較大（圖 2a）；左右開合的話，出的力量較小（圖 2b）。同樣地，仰臥推舉（Bench Press）時的向上推力，會比平躺時（圖 2b 的運動姿勢，但是是躺在椅子上，以仰臥躺姿來操作的情況）手臂左右方向開合的力量要強。

所以，對手的刀自水平方向劈砍而來，用垂直方向的動作抵擋壓制的話，將會具有壓倒性的優勢。依此原理，圖 3 中左方採取了「將自己的刀壓制在對手刀上」的身體姿勢。如此一來，對手什麼都做不了，只能接受攻擊。

圖 1 刀正劈與橫砍時，力的作用

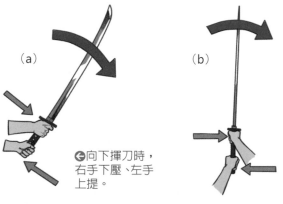

（a）

←向下揮刀時，
右手下壓、左手
上提。

（b）

←往右邊揮刀
時，右手向右、
左手向左移動。

圖 2 容易和不易出力的姿勢

（a）

←手臂朝身體
往上提需出較
強的力道。

（b）

←橫向的
移動時手
臂出的力
道較弱。

圖 3 左邊的人採取了力學上有利的身體姿勢

←左方以垂直的力道，
抵擋壓制住右方自水
平橫砍而來的刀。

●劍術

揮刀時也適用 Q20 的原理嗎？

　　從 Q20（第 64 頁）的說明來看，刀從正上方攻擊能強力地往下劈砍，但水平方向的砍擊力道就稍嫌不足。但 Q20 所敘述的是完全以正視前方的姿勢下揮刀劈砍的動作技巧。

　　如圖 1 面向正前方，由左往右水平方向揮斬時，身體相較於雙手，幾乎沒有朝水平扭動，從持刀者角度來看，雙手為右手壓左手提的形式。接下來，因為是用腳的大肌肉群的力量扭轉腰（當然上半身的軀幹也要轉動），可以產生較大的力道。這和打棒球揮棒時腰的旋轉力是相同的道理。

　　在垂直的範圍內揮力時，也需下意識地使用這個腰部扭轉動作。例如圖 2a 左腳與左肩都往前的姿勢，由垂直的方向劈砍而下時，用右手壓柄、左手上提。在圖 2b，後方的右腳往前踏一步，換成右肩在前，左肩在後的姿勢。因此右臂相對於身體較往前，而右肩也在前的關係，可以用很強的力道握住刀柄朝前方壓制，左手上提的力道同樣也會變強。

　　看準時機接近對手，雙腳可以更換位置，或是對手突然快速接近時，右腳維持原姿勢，只有左腳向後退大步並變換雙肩的位置。簡單來說，這動作是用雙腳的力量轉動腰部，將其傳遞至肩，與水平方向劈砍時的動作原理相同。

　　但是，有趣的是刻意「扭轉腰」，就會被對手看出而加以防備。不過刻意「兩肩直線的互換」的話，動作比較無法快速看出。（即所謂的注意力消失）

圖 1　由左往右水平方向揮砍

圖 2　左右肩膀前後變換移動，能強有力地向下劈砍

（a）

←左肩前、右
肩後的姿勢。

（b）

→右腳往前踏，
右肩往前移動的
同時劈砍。

◎劍術

刀鍔相交時，什麼方法較有利？

刀鍔相交，指的是彼此的刀用鍔的部分相互壓制，也可以包括鍔根附近的相互壓制。輸的一方，身體會失去重心、不平衡，不是當場頭部或肩部被砍傷，就是因快速撤刀而被砍。古裝劇中常看到雙方都把力道放在肩膀，胡亂出力互相壓制，此時力量大的人就容易獲勝。還有不僅限於刀鍔相交的情況，記住務必要守住自己的正中心軸線，這非常重要。在此以力學來解釋、介紹，甲野善紀的學習會中所教的兩個技巧。

> ①雙臂緊靠腋下，刀柄貼身，用身體的力量下壓對手的刀。
> ②位在後方的左腳拔重※同時舉刀，接下來高舉右膝，同時
> 揮砍反方向的前臂等部位。

若對方的刀欲後退遠離的話，自己會想順勢帶著力道伸直手臂；手臂伸直後，刀與刀的接觸點就會離自己的身體越遠，水平橫向的力道也就會越弱。此時運用①的技巧，兩手緊靠身體，彎曲手臂夾緊腋下，一隻手握牢刀柄，用另外一隻手滑轉刀柄。

此時，出聲斥喝威嚇對手，使其以為要輸了，同時可以手臂內收貼近身體，雖然這也許會讓對手提高警戒也不一定。且此時，保持刀與刀接觸點的位置，自己往前進，手臂內收緊靠身體。於是，不依賴臂力，而是利用整個身體向下壓的強力往橫向或斜前方向壓制對手的刀（圖1）。

接下來②，是與劍道攻擊時前臂動作相似的技巧。

自己刀的位置是面向對手刀的右側，而右腳在前的預備姿勢。首先，後方的左腳瞬間拔重。身體在右腳著地點的範圍向後傾倒般地開始旋轉，此動作有助於壓制對手。然後將該迴轉之力道傳遞到兩手臂，

　※ 支撐重心的腳急速放鬆力道。

圖 1　從刀鍔相交開始，獲勝的方法①

◀憑力氣大小的刀鍔交相壓制下，力量大的人容易獲勝。

◀自己（右方）朝前進，兩手臂下垂緊靠身體，刀柄與身體貼合。

◀使用身體的力量壓制對手。

瞬間快速往後拉回刀，直到不再與對手刀劍相接為止。

左腳突然放鬆力氣時，右腳絕對不能有往地面蹬的感覺。更糟的情況是，因太刻意讓右腳往下蹬，身體下沉力道再加上身體的重量強蹬的話，反而導致動作變得更加遲鈍。左腳放鬆力氣的同時把身體全部的重量加諸於右腳，自然地蹬地面。此時遭對手壓制的刀，會產生瞬間消失的感覺。

於是，很快地拉刀，雖然可以劈砍對手右肩（即己方左側），但是會有兩個問題，第一是最佳的時機太短暫，第二是身體向後迴轉時，刀很難朝前方劈砍。

一次解決這兩個問題的辦法，是抬高前腳膝蓋（圖 2b）。不是以膝去攻擊般把左腳當彈簧拱背抬高膝蓋，而是不刻意使用左腳，在右膝儘量靠近右肩的意識下將腳往上抬高。

如此一來，重心放在後方的左腳，腰自然呈往後方拉引的狀態，將會有充分的最佳時機，並形成可以揮刀的空間。還有，像坐在會旋轉的椅子上，兩手臂朝左揮時，如同椅子會和身體反向右轉一樣。同理可知，用力抬高右膝（左腳的著地點周圍的向後迴轉）時，不僅使身體向後的迴轉停止，同時身體會似往前倒般地迴轉。將這迴轉的氣勢由手臂傳遞到刀，就能快速地向下揮刀。對手會疑惑消失的刀為何在相反方向出現，因閃避不及而被砍傷。

圖2 從刀鍔相交開始，獲勝的方法②

（a）

①後方的左腳 **A** 拔重。
②在前方的右腳 **B** 的周圍，身體似往後的迴轉。
③利用該迴轉力道抽回刀（刀的拉引速度越快的話，幾乎不會產生②的迴轉）。

（b）

①後方的腳 **A** 拔重停止同時抬高右膝。
②身體的迴轉方向與以 **A** 為中心的前迴轉方向相反。
③利用該迴轉力道揮刀而下。

刀斬擊的瞬間，
為何雙手是朝相反方向扭轉？

第一個原因是讓刀能快速停止。一般人將分量十足的真劍當成竹劍劈砍時，因為過於用力所產生的多餘力道，反而會砍到自己的膝蓋或地面，若在實戰中的話，自己當場就會輸（死）了。

為了避免此情況發生，雙手要像擰毛巾般朝相反方向（拳背略彎）緊握扭轉，此動作稱為「茶巾絞」，不只是用手腕出力，而是從手臂開始，肩、胸、背的肌肉也要出力，這樣刀才能瞬間停在該停止的地方。

第二個原因會在其他項目中說明，當剛開始劈砍物體時即使刃筋直立（參照 Q36，第 112 頁），但在劈砍途中刃筋偏離的話，與被砍物體接觸的瞬間不僅無法深入劈砍，甚至會導致刀的折損或彎曲變形。而茶巾絞這一動作能穩定地承受來自物體的衝擊，可以一直保持刃筋直立地劈砍物體。

緊握刀柄胡亂出力的握法叫「死手握」[1]。緊握刀柄雖然能一次性地劈砍武術練習的道具假人，但因緊握刀柄、手腕僵化，導致無法順利地從多方向且多次連續劈砍。如果想要多次且不限方向的攻擊，就需手放鬆、自然地輕握刀柄，並且只在劈砍到物體的瞬間用茶巾絞固定才行（圖 1）。

在此，也許會有「雙手朝相反方向扭轉而力道相互消減，不就無法保持刃筋方向的效果了嗎」的疑問。首先，我們來分析肌肉的短縮速度和肌肉出力的關係（圖 2）。

當肌肉短縮速度為負值，也就是因外力太強肌肉反而被伸展時，肌肉能出很大的力量。而當刃筋看似往右偏移時，往左拉回的左手肌肉因伸張性收縮能用非常大的力量抵抗，和外力同方向往右偏的右手肌肉因短縮性收縮而力量變弱[2]，所以在此結構下能自動保持刃筋方向。

※1 正確的握刀法是雙手拇指及食指間虎口處 V 字型頂點，要在刀的正上方。而「死手握」是指雙手從刀的橫面握刀（即刀與手腕呈平行的角度），而且 V 字型頂點部分會靠右手偏右、左手偏左這樣不正確的握刀法。

圖 1　武士刀的握刀技巧

←手要放鬆、輕柔地握刀。

←劈砍的瞬間出力握緊。

圖 2　物體的阻力讓刀刃往右偏時，要使用雙手的扭轉力

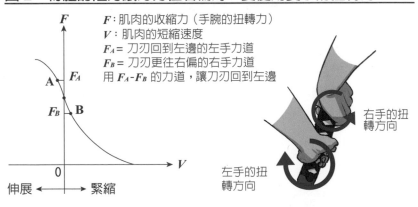

F：肌肉的收縮力（手腕的扭轉力）
V：肌肉的短縮速度
F_A＝ 刀刃回到左邊的左手力道
F_B＝ 刀刃更往右偏的右手力道
用 F_A-F_B 的力道，讓刀刃回到左邊

右手的扭轉方向

左手的扭轉方向

伸展 ←→ 緊縮

※2 以將手掌背皮膚往指尖方向拉提為示意，因皮膚有皺褶（關節處）如同肌肉短縮而導致力道變小。

瞭解茶巾絞的意思後，只用手腕的肌肉能充分發揮力嗎？

在劈砍時，秉持一開始就刃筋直立的流派很多。例如柳生新陰流派，從頸部等護具的空隙間入刀，自該處刃筋直立，以割或刺的方式攻擊。雖然幾乎沒有用刀劈砍的氣勢，若能掌握刀柄的握法及茶巾絞的技巧，以武士刀優異的破壞力和施以相當的力道下，就能確實地斬擊對手。

這個方法，以刀破壞對手身體重心時也可以使用。為了說明，圖1a為誇張的示範，用雙手大拇指和平掌輕輕挾握住刀，並以刀的前端快速攻擊對手刀柄處[*1]的情況。例如要揍人的時候，身體下意識下沉或準備用力攻擊，很容易就耗盡力氣；若像與熟人搭肩般，將手快速放在其肩上的感覺，此動作較不易受防備。換成是刀的話，也會產生相同的感覺。

若成為刀攻擊的目標，如圖1b，開始茶巾絞的操作。此時，像擰茶巾（現在所稱的毛巾）般手臂伸直出力。身體操作的肌肉，包括朝上臂內側運動（水平彎曲）的大胸肌、三角肌上半部、伸肘（手臂伸直）的上臂三頭肌等，均為強有力的肌肉群（圖2）[*2]。

隨著手臂伸展，握柄的雙手會自然地形成扭轉刀柄的動作形式，與其說用手腕的肌肉來反轉（掌背微曲）手腕，倒不如說是因為輸給了對方手臂伸直的力道，由於無法朝內側方向彎曲（掌心微曲），如Q23（第73頁）圖2因為用很大的伸張性收縮力抵抗到底，所以無法朝內側方向彎曲（掌心微曲）。藉此力固定劍的前端的力道能讓對手身體前倒失去重心（圖1c），而該力量的來源為胸、肩、手臂等部位的大肌肉群。

※1 使用真劍時，從上方劈砍前手臂（意指劍道中，打擊對手的手腕附近）時相同。
※2 為了要讓對手向前傾，刀往前移動同時向下劈砍時，也會使用後背肌。

圖 1　用茶巾絞的技巧來增加力道 ※3

（a）

◀輕握刀柄，快速劈
砍對手的刀柄處。

（b）

➡用茶巾絞的技巧
刀筋直立，增加力
道。

（c）

◀對手失去身體重心
而向前方傾倒。

圖 2　茶巾絞時，身體實際的操作

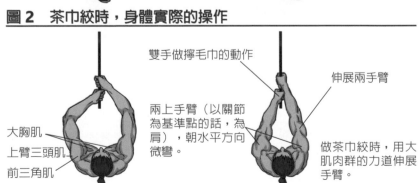

雙手做擰毛巾的動作

伸展兩手臂

大胸肌
上臂三頭肌
前三角肌

兩上手臂（以關節
為基準點的話，為
肩），朝水平方向
微彎。

做茶巾絞時，用大
肌肉群的力道伸展
手臂。

◉劍術

穿著護具的劍術，與一般服飾的有何不同？

　　像日本戰國時代般穿著護具比賽劍術，則稱為介者劍術 [1]；而像江戶時代般穿著一般平常穿的服飾比賽劍術，則稱為素肌劍術。這是因為一般的衣服幾乎沒有保護身體的防禦能力，從皮膚到全身各部位都成為攻擊目標，所以沒有相互用刀劈砍護具或頭盔的情況。只能用前手臂阻擋和反擊對手的武器，或是故意用頭盔去抵擋，才有可能使對手的武器折損。

　　若要擊倒穿著護具的對手，攻擊臉部、護具較無防護的頸部或膝蓋內側，或由下而上的劈砍腋下或胯下等部位（圖 1）。若劈砍到手臂或大腿的根部大動脈的話，會因大量出血而死亡。

　　護具的總重量也有所差異，從大鎧（從源平時代到鎌倉時代）到後來減重的當世具足 [2] 的重量，最多可相差約 20 ～ 30 公斤以上。於是穿著大鎧不可能像素肌劍術般快速移動，所以要放低腰部，採取穩定的身體姿勢，加上穿著護具能被砍到的位置僅限於幾處小地方，所以亂砍的話，只要稍微偏離，也是無效的攻擊。

　　因此，刀鍔相接時或是身體相互接觸的狀態下，利用對手身體失去平衡的空檔，從護具的空隙刺入對手頸部。而破壞身體平衡的技術與太極拳的推手一樣，不是雙腳張開用肌肉力量去推對手，而是有意識的控制下，鬆沉圓柔地操作胯下關節（事實上是膝及腳踝）並移動腰的位置，使用上半身軀幹順勢撥開對手的力量，而讓對手失去重心（圖 2）。

　　更進一步，以直角方向朝對手雙腳的連結線推去，就可以用很小的力量破壞對手重心平衡。或是用更高級的技術，如之前所述，當對手用前臂抵擋時，可微妙操作刀將對手朝前方（兩腳連結線的前方）推引，使其失去平衡 [3]。

---

[1] 介與貝一樣，指的是護具。
[2] 有別於古代的大型護具，指的是現代的護具。

圖 1　穿著護具時的弱點

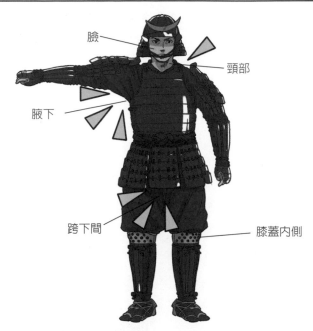

臉

頸部

腋下

跨下間

膝蓋內側

圖 2　推倒穿著護具對手的方法

⬆朝對手兩腳的連結線垂直推壓，對手就會失去平衡。

● 劍術

順勢抵擋，並避開迎面而來的刀的方法為何？

正對對手，右腳在前，兩眼凝視前方，擺出中段姿勢準備應戰（圖 1a）。如果直接正面抵擋對手的猛烈攻擊的話，自己的刀就會偏移或折損。在此，介紹順勢抵擋並避開攻擊的方法。

配合攻擊情勢，後方的左腳稍微往左前方跨出，跨步的大小約為能與對手保持便於攻擊的距離。同時，輕握住刀柄的雙手（向左前持續移動）往自己正上方揮舉（圖 1b），刀自然來到防禦右半邊的位置。用刀側在斜前方輕擋住對手的刀，接下來的瞬間，已向上揮舉的刀順勢往下劈砍反擊（圖 1c）。

接著用力學角度說明此效果。

如圖 2a，對手出刀以速度 V（假設時速 100km，以下單位省略）劈砍而來時，以角度 θ（設定為 25°）抵擋的情況。但是，對手的刀垂直碰到防禦的刀的速度一直很小，$V_1=100×\sin25°=42$，而且因為防禦的刀有點弧度，衝擊變得非常輕柔。對手的刀平行於防禦的刀的速度為，$V_2=100×\cos25°=91$，刀側只是抵擋順勢揮砍的速度，無法形成衝擊。

圖 2b，隨著左腳往左前跨步，抵擋的刀往左 V（假設 $V=10$）方向移動時，因角度變成比 θ 小的 θ'，更能輕鬆地抵擋對手之攻擊。省略計算的過程內容，得出的結果是 $V_1'=38$。

現實中，因對手的刀刃會削到自己刀的鎬部位，削掉的鐵粉因摩擦生熱產生火花[※]，如同文字所傳達的意思，形成似煙火般散落的打鬥。

※ 也表示激烈的打鬥之意。刀戰中，對手由上方揮砍而下時，因是以刀的鎬部位去抵擋，因鎬受到猛烈之攻擊而產生火花。

圖1 古流劍術快速揮太刀的方法

（a）

←右腳在前的姿勢。

（b）

（c）

→維持該姿勢，
順勢劈砍反擊。

→左腳朝左斜前
方移動，同時輕
擋由上劈砍而來
的刀。

圖2 衝擊變小的原因

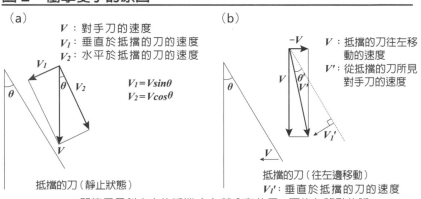

（a）

V：對手刀的速度
V_1：垂直於抵擋的刀的速度
V_2：水平於抵擋的刀的速度

$V_1 = V sin\theta$
$V_2 = V cos\theta$

抵擋的刀（靜止狀態）

（b）

V：抵擋的刀往左移
動的速度
V'：從抵擋的刀所見
對手刀的速度

抵擋的刀（往左邊移動）
V_1'：垂直於抵擋的刀的速度

即使只是斜方向的抵擋（a）就會有效果。更往左移動的話
（b），因角度變成比 θ 小的 θ'，效果會更好。

● 劍術

二刀流在力學上的效用為何？

所謂二刀流，指的是右手持大刀，左手持小刀，以宮本武藏的「二天一流」兵法最為有名。一般常有如「真的手持雙刀打鬥嗎」的疑問。武藏在 13 至 28、29 歲的 60 多次戰鬥中都未曾失利，有些劍術家認為「他從與在佐木小次郎的比賽開始，幾乎沒有手持雙刀打鬥過。手持兩把真劍打鬥是不可能的。」先不論這段話的真偽，手持雙刀打鬥的優缺點，特別是本來該用雙手操作的大刀，能用單手操作嗎？在這裡用力學的角度來思考看看。

二刀流的優點（①、②）及缺點（③、④）歸納如下：

①雙刀能讓防禦範圍更廣。

②雙刀可同時攻擊和防禦，或是一刀防禦而另一刀攻擊，兩種方式皆可。

③單手持刀，因力矩較小，不利於和對手以刀相互壓制[1]。

④以單隻手臂揮劍的速度太慢。

以①而言，在武藏的肖像畫中也能看見的下段姿勢（圖 3a），雖然看起來只是雙刀下垂、挺直站立，預備攻防的樣子。但因下半身兩側已經完全受到防禦，所以攻擊只能從上段而來，可以看出是引誘對方上段攻擊的姿勢。

以②而言，雙刀平行朝同方向劈砍時，手持單刀的對手較不易抵擋。如圖 1a 所示，用雙刀挾住槍，能壓制槍的水平移動。

槍多由上方敲擊劈砍而來，持雙刀的話，可斜上輕穩抵擋並壓制槍（圖 1b）[2]。雙手持刀的距離越接近，雙刀和槍的接觸點會往鍔根移動（用鍔根部位抵擋的優點，請參照圖 2、圖 3）。接著，挾住槍往旁邊拉引（圖 1c），用大刀壓制槍，同時用小刀反擊（圖 1d）。

※1 有關於力矩，請參照 Q44（第 132 頁）。
※2 請參照 Q26 的圖 2（第 79 頁）。

圖1 雙刀對上槍的優勢

（a）

←用雙刀挾住壓制中段攻擊而來的槍，使槍無法水平移動。

➡由上劈砍而來的攻擊，雙刀可輕穩地抵擋。

（b）

（c）

←從旁邊拉引下所挾住的槍。

➡用大刀壓制，並同時用小刀反擊。

（d）

以③而言，單手握柄，將刀（刀鋒）往垂直或水平方向揮砍時的力矩很小；用雙手的話，力矩一定會變大 [3]。用單手和雙手所出的力矩最大值，分別以 Ns、Nb 來表示（Ns 一定會比 Nb 小很多）。分別用單手及雙手握刀朝不同方向揮刀時，如果確實地操作，單手一定會輸給雙手。但是若滿足圖 2 中不等式的條件（用接近刀的鍔根部位去抵擋對手的刀鋒附近位置），就會獲得勝利。

針對④而言，大動作揮刀旋轉時會利用腰的迴轉以及全身的力量，即使單手持刀也可以發揮相當的速度。但是，如果採下段姿勢的大刀，將刀鋒上提朝上段揮砍時，如③說明般，在力矩很小的情況下無法快速移動。可以嘗試用單手揮球棒，而且只用（單手的）手腕的力量迴轉看看，就可以實際感受到了。

接下來說明，為了補救此缺點要如何操作刀法（次頁圖 3）。

如圖 3a，右邊的對手面對採下段攻擊姿勢的人，見空檔由正面上段揮砍而下。左邊的人發覺對手刀往後方移動，立刻用左手的小刀壓制（注意要使用鍔根附近去壓制對手刀鋒附近處）。同時，高舉大刀的右手（圖 3b）似迴轉般劈砍而下（圖 3c）。手腕的力矩朝刀鋒方向略微調整即可 [4]。

最後，雙刀有利打鬥的話，應該全都會變成二刀流派，但實際還是單刀流派較多。

最終結論是，不分單刀雙刀，能活用其各別特色技巧的人才是強者（圖 4）。

※3 請參照 Q45 的圖 4（第 139 頁）。
※4 如 Q23 的圖 1（第 73 頁），即使使用雙手也有不依賴手腕的力矩的時候。

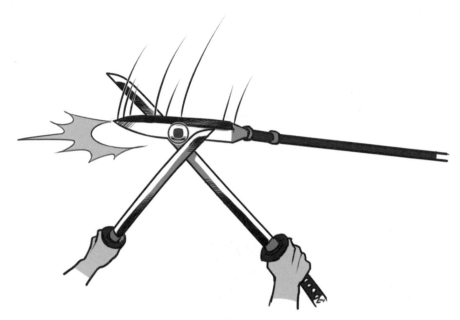

⬆不論大刀或小刀，因為都是以斜向接觸槍，所以受到的衝擊力較小。

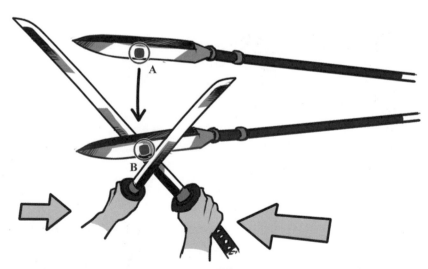

⬆雙手持刀的距離越近，與槍的接觸點自 A 點到 B 點為止的緩衝區呈
凹狀，故可輕柔地抵擋。接觸點 B 因接近鍔根部位的關係，在力量上
不會輸給對方。

圖 2　即使單手持刀也不會輸的打鬥方法

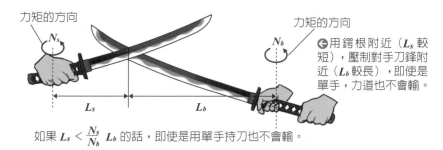

力矩的方向　　　　　　　　　　　　　力矩的方向

←用鍔根附近（L_s 較短），壓制對手刀鋒附近（L_b 較長），即使是單手，力道也不會輸。

如果 $L_s < \dfrac{N_s}{N_b} L_b$ 的話，即使是用單手持刀也不會輸。

圖 3　單手操作大刀的方法

（a）

←下段的預備姿勢，對手上段攻擊而下。

（b）

←發覺對方身體的移動，使用左手的小刀壓制對手的大刀（遵守圖 2 的條件），同時高舉右手。

（c）

→似要迴轉大刀般，反擊對手的上段攻勢。

圖 4　持雙刀的人正和誰打鬥呢？

➔如果體格壯碩之人力氣夠大
的話，也能夠快速地揮動雙刀。

◉ 劍術

以「強勁的」竹劍
擊敗對手的方法為何？

　　實戰的劍術中，若用刀壓制住對手的刀，將會利於獲得壓倒性的勝利。因用木刀練習此技術太過危險，所以改使用竹劍。

　　在甲野善紀的武術表演中，握住竹劍兩端並平舉在頭上承接對手竹劍攻擊的話，大部分的人都會搖晃站不穩（圖1）。雙方以實戰的意念下，都從各自的右邊相互劈砍對方的頸部，當竹劍互碰時，對手瞬間被打倒在地。

　　假設竹劍的質量為 0.5 公斤，重心速度為 30 m/s（=108 km/h），用 Q07（第 28 頁）相同的計算方法下，算出動量為 15kgm/s。這與圖1的人（假設體重 75kg）受到來自正面朝水平方向被打到，往後搖晃倒退的速度只有 15kgm/s ÷ 75kg=0.2 m/s。還有如圖2a中所示，若是對手的竹劍自反方向觸碰到自己的竹劍，幾乎是會均衡而互壓停住，更不可能產生「強力」打倒對手的力量。

　　打擊方法的原理，是與 Q07 無法抵擋的攻擊相同。因為揮刀時，肌肉所產生的力量不是全部集中在很輕的竹劍上，而是將一定會加上比竹劍重的兩手臂或身體的動能預先集中停留在竹劍上[1]（圖2b）。即使與對手力量相同，朝向對手的動量（＝給予對手的衝量）也一定會變大。

　　這個大的動量作為一個強的力，欲透過竹劍傳達給對手還有更進一步的秘訣。在 Q18（第 58 頁）中已說明，雙手握竹劍的距離要盡可能得寬[2]，如果可以，用竹劍的鍔根附近去抵擋對手竹劍的刀鋒處。更進一步，如 Q20（第 64 頁）所解說，自己的竹劍朝垂直出力的方向移動同時操作身體，將對手的竹劍朝水平方向往下壓制的話，就會成功破壞對手身體的重心（圖2c）。

※1 竹劍的速度會稍微變慢。
※2 如果是單手的話，此技巧理論上不可行。

圖 1 為何抵擋不了………

↑此狀態下應該是輕鬆就能抵擋對方竹劍的攻擊，但卻被彈開……

圖 2 讓對手失去重心的強勁攻擊方法

（a）

←竹劍相交時，用此狀態來壓制。

（b）

↑自己將手臂與身體的大動量傳遞到對手的竹劍。

（c）

↑使用竹劍的鍔根部朝水平方向往下壓制。

● 劍術

有威力的「藥丸自顯流派」的秘密？

　　藥丸自顯流派（亦稱為野太刀[*1]自顯流派），和也是來自薩摩（鹿兒島）的示現流派為同一體系，不考慮防禦只重視攻擊，特別是第一次的出擊，就已賭上全部的實戰劍術（圖1）。戰場上有使用一種稱為野太刀的刀，刀刃長3尺（90公分）以上，又重又長，以猛烈的速度攻擊下，據說「用一般的刀（70多公分）去抵擋的話，刀鍔會深入額頭，當場死亡」，其威力之兇猛可想而知。就連新撰組的近藤勇，都有「不與一擊必殺打鬥」的恐懼感。藥丸自顯流的代表技術是由上段攻擊而來的「掛」，以下從力學的角度來分析、說明。

　　高舉刀直立的姿勢從距離敵人數公尺遠的位置開始全力衝刺，取得適當時機進攻的同時，右腳朝正前跨大步踏地，透過這個跨大步的動作能加快刀的速度。其原理說明如下。

　　如圖2，向左移動的細長物體，下端突然停止的話，雖然重心速度會變慢，因迴轉的影響下，上端的部分反而加速移動。這是我在另一本著作「格鬥技的科學」中，已解釋說明過的「擋牆」效果。陸上競技的擲標槍項目，選手加速度助跑往前衝時，最後前腳的蹬力可讓高飛的標槍增加速度，也是同樣的道理。雖然有很多利用「牆」的效果讓刀急加速直接揮砍而下的方法，但是：

①腰朝正前方，前方的右腳自腳跟起要牢牢著地。

②著地時，後方的左腳和右腳的連結線要與前進方向一致。

以上二點，為下半身動作的注意要點。還有：

③刀儘量在高舉的預備位置。

④握柄的雙手間距要最大。

⑤欲揮刀時，左手不可以先往前。

⑥在揮刀時，左手肘不可以離開正中心軸線。

以上四點，為持刀時雙手需注意的要點。

　　　　※1 太刀為武士刀的一種。因是設計作為騎兵戰鬥時使用，刀刃較長（60公分以上），刀身較彎。

圖1 藥丸自顯流的一擊必殺揮刀法

⬆身體垂直迴轉產生的加速度在傳遞給野太刀時，會有「刀鋒承載身體重量」的感覺。

⬆朝正中線劈砍而下。

⬆用跑的氣勢前腳作「擋牆」，換成垂直方向的迴轉，身體向下沉同時劈砍而下。

針對①前腳著地來說，如圖 2 般，因為以「擋牆」為目的，所以必須用力跨大步。若右腰往前的話會造成跨步力道變弱，其證據就是右膝蓋因產生緩衝作用而彎曲。再者，先不談論朝對手衝去時的情況，若用腳尖著地，腳踝形成緩衝，將無法形成有力的「牆」的效果。

②純粹只是為了要產生垂直的迴轉。最理想的情況是右腳、重心、左腳都要能位在一直線上。但右腳的著地點一般容易偏右，於是會產生往右的迴轉，此時如果左肩也往前動，會改變身體的方向，刀就無法垂直劈砍而下。

針對③，圖 2 中 A 點的位置越高，與迴轉中心 P 的距離（＝迴轉半徑）就越遠，速度因而也會變快。

針對④將身體快速迴轉的力道傳遞到刀時，雖然是右手握柄出向下壓力，左手出向上提拉的力量。但若握柄的雙手間距越大，刀往前迴轉的力矩也會變大 [※2]。計算稍微有點複雜，握柄長度 b 越長，刀往前迴轉的力矩就越大，這點要注意。因力矩不足，刀無法向前迴轉，刀柄會最先往前抵擋（圖 4）。

針對⑤，在④中已說明，左手提拉柄的反作用力下，左手會自然受到柄的拉引而往前，所以要謹記左手千萬不可以往前，光是保持住左手的位置，就能出很強的拉提柄的力道。

⑥在藥丸自顯流派中，有稱為「切斷左肱」的教法。日文漢字中「肱」與「肘」的意思相同，意旨「自左手手肘以下被切斷的話，保持該手肘的上臂不動，左肘不要離開正中心軸線」。如此的話，左手上臂與刀呈一直線的關係，能直接由正面劈砍而下。結果，容易被劈砍到的左手前臂，反而不易被攻擊到。

※2 Q45 圖 3（第 139 頁）將簡化說明。

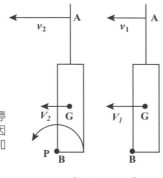

圖 2 「牆」的效果

→ B 端因 P 點的「牆」而急速停
止時，重心 G 的速度會減慢，因
迴轉效果導致上端 A 的部分能加
速移動。

② ← ①

圖 3 右腳著地時的位置

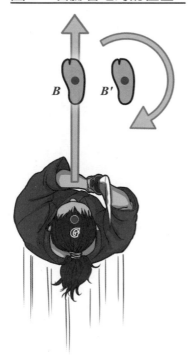

↑右腳要與重心 G 的前進方向一
致，即 B 點的位置著地。若在偏右
的 B' 著地的話，會在 B' 的周圍產
生迴轉，身體將朝向右邊。

圖 4 刀能強力向下劈砍的原因

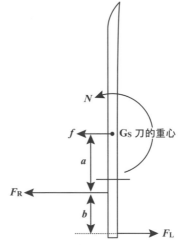

F_R：握柄的右手向下壓力
F_L：握柄的左手向上提力
用右手與左手的力量差，

$$f = F_R - F_L$$

能加速刀的重心移動
用右手與左手的力距差，

$$N = F_L (a+b) - F_R a$$
$$= (F_L - F_R) a + F_L b$$
$$= fa + F_L b$$

刀在重心 G_S 的周圍迴轉，兩手的間距
b 變小的話，力矩 N 也變小，刀將無
法朝前向下劈砍。

藥丸自顯流派其他的優勢為何？

　　此流派的代表技術與自上段攻擊的「掛 *」相反，是朝對手奔跑接近時拔出原本收納於刀鞘內的刀，同時從對手的胯下間由下而上斬擊，此為「拔」（圖）。一般而言，由上而下的攻擊容易被發現，反之，由下而上的攻擊則不易被發現，且快速的拔刀揮砍是不易抵擋的技巧。

　　利用向前跑的氣勢，變換成垂直迴轉的力道，此點拔與掛一樣。為了能由下而上的劈砍，朝對手奔跑時右手握柄並將刀刃反轉朝下，在接近對手的適當時機，身體前傾且右腳前踏，沿著正中心軸線拔刀。隨著身體前傾的姿勢，右手和左腰的位置已經產生距離，所以能自然地拔刀。

　　刀完全離鞘的同時，已踏出的右腳著地並跨大步，最好保持右腳、重心、左腳儘量呈一直線的狀態。此時身體產生垂直的迴轉，隨著迴轉要讓上半身更往前傾，也就是說這個時候，位於較高位置的右臂及右肩會朝向前方急加速，利用此動作拔刀順勢由下往上劈斬。刀和掛一樣，要沿著正中心軸線移動。

　　不論是掛或拔，朝對手衝跑時，會發出似「猿叫聲」高而尖銳的音頻，讓對方抵擋的刀會被彈飛般的氣勢，震懾敵方劈砍而去，被劈砍到的話則當場立刻死亡。以如此凶猛的氣勢，足以讓對手嚇得肝膽破裂。

　　但是，往往因疏忽沒有依大部分的指示操作，或是面對移動中的對手，右腳著地時機錯誤，造成一擊必殺偏斜而失敗。所以，要不斷地勤加鍛鍊，磨練精神毅力和技術，才能發揮此流派的真正威力。

※ 日文漢字可以用「懸」表示。

圖　藥丸自顯流派「拔」的技術

➡️朝對手衝刺，同時
拔刀。

➡️刀拔出後，右腳著
地。此圖示為右腳完
全著地前的動作。

⬆️因身體垂直迴轉下，利用肩膀往
前急加速而往上劈砍。

⬅️刀正面垂直往上劈砍。

手持刀直視前方行走時，
如何取得平衡不晃動呢？

實際上，一般人持刀每往前走一步時，刀就會晃動（出右腳時，朝右晃動），而且身體姿勢不平衡；但是劍術家或一般武術家，幾乎能不晃動刀及雙手的位置行走，想必一定有不需擺動雙手就能取得腳的角動量和保持身體平衡的方法。事實上，可以利用來自地面反作用的力矩（與踏步的方向相反），下意識地調整角動量。產生力矩的方法，有以下三個重點。

①走路時，兩腳平行距離約 **10** 公分。
②必要時，在腳著地時用後腳稍微往內側踢。
③腳底要全部著地，使用髖關節旋轉的力矩。

就①而言，圖1為步行中右腳承受來自地面水平方向（前後方向）作用力的時間變化。已著地的腳在前半部位著地時，一定是朝前踢地面並帶有阻力（腳受力為向後），而在腳跟著地時，朝後方踢地面並再加速。由上往下看此作用力，其力矩為圖 2[※1]。

圖2a，右腳著地的前半段因下意識地朝前踢地面[※2]，所以只有偏離 l 的距離，腳往後作用的力為 F_1，此力自重心往左右方向（在一直線上走的話，$l=0$），所以產生右迴轉的力距 $N_1=F_1l$。同樣地，在著地的後半段（圖2b），產生反向的左迴轉力矩。

②也下意識地踢，如圖2c 因為離重心的距離 L 很大的關係，力矩因此也變大。還有雖然③也下意識地動作，當隨著髖關節的大肌肉群帶動腳整體扭轉時，會產生與迴轉方向相反的力矩（圖3）。

※1 因為角動量的變化和力矩的詳細關係非常複雜，在此將重點放在力矩上。
※2 若非下意識地去踢，動作會變得奇怪不自然而造成反效果。

圖 1　走路時的加速及減速

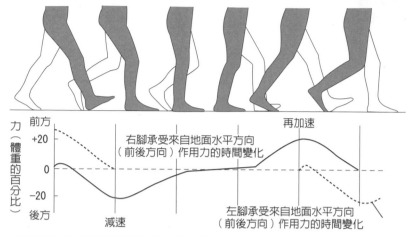

力（體重的百分比）

前方　+20　　右腳承受來自地面水平方向（前後方向）作用力的時間變化　　再加速

0

−20

後方　　減速　　左腳承受來自地面水平方向（前後方向）作用力的時間變化

⬆走路時，腳前半段著地時帶有阻力減速，後半部位則再加速。

圖 2　來自地面的力，作用於左腳的力矩

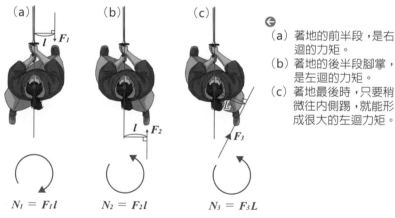

（a）　　　　（b）　　　　（c）

$$N_1 = F_1 l \qquad N_2 = F_2 l \qquad N_3 = F_3 L$$

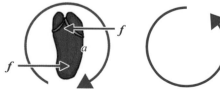（a）著地的前半段，是右迴的力矩。
（b）著地的後半段腳掌，是左迴的力矩。
（c）著地最後時，只要稍微往內側踢，就能形成很大的左迴力矩。

圖 3　何謂著地的腳扭轉

扭的方向（朝外旋轉）　　$N4 = f a$

⬅著地的右腳往外側扭轉時（朝外旋轉），腳指頭和腳跟產生一對作用力 f 及力距 $N4$。$N4$ 與圖 2 的 l 無關，但腳底必須完全接觸地面。

為什麼「居合」能如此快速地拔刀？

　　所謂居合，指的是快速拔取鞘中刀，並直接劈砍對手的動作技術。像有適度弧度的刀與鞘的構造、插在腰帶的攜帶方法，是日本劍術特有的巧思。居合與美國戲劇的西部牛仔相同，比對手先拔刀的人獲勝。而且即使對手刀已出鞘、預備好攻擊的態勢，也能用居合贏過對方。居合比已出鞘的刀有利的一點是因為刀的長度，若是不全部拔出來的話，對手是不易得知的。

　　插在腰際的刀，因可在腰帶中間前後（長度的方向）滑動，能以腰帶及刀鞘的接觸點為中心，可以自由地變換方向。為了能讓刀與刀鞘緊密接合，不會因為拔刀而掉落，刀根處有名為「刀頸」（刀身末端與刀柄之間，一段不開鋒的部位）的金屬包覆住刀。如圖1為了能輕鬆拔刀，用左手拇指壓住刀鍔，刀先拔出約1~2公分，稱為「鯉口開口」。此時，因為有刀頸的關係，大拇指雖然接觸到刀身也不會受傷。由此可知，居合是能完全發揮刀的構造特性；而居合的特長，是要能快速地拔刀，其不可欠缺的要素，為以下二點。

①對手不易察覺的動作。
②劈砍對手時，要將能量集中傳遞至刀上。

●拔刀，意想不到得困難

　　為了和正確的動作相互比較，來看看不能稱為「術」的一般人的居合（圖2）。在圖2中，完全不符合①及②的條件。身體挺直，用右手隨意地握著刀柄準備拔刀的樣子。因為沒有讓鯉口開口（刀鞘開口）的關係，開始拔刀時無法順利拔出（圖2a）。如果刀長一點且手臂又不夠長的話，刀更無法拔出（圖2b）。

　　即使拔出刀，握法也不利劈砍，不是得重新調整握法，就是無法用刃筋直立的方法劈砍。不僅拔刀速度變慢，還因握柄角度的關係，容易

圖 1　鯉口的開法

←用左手的大拇指打開鯉口。因刀刃向上的關係，右手從下方握住刀柄，維持該姿勢可直接劈砍。還有，因右肘下垂的關係，右手前臂不易被劈砍到。

圖 2　拔刀比想像中難

（a）

←直立挺身，只用右手拔刀的一般人，從橫向握刀柄的關係，無法刃筋直立的劈砍。而且因右肘上抬，右手前臂容易被砍傷。

（b）

→右手臂完全張開伸直，也無法拔刀。即使將刀拔出，已不能再伸展的手臂，無法將能量傳導至刀上。

導致右手前臂的動作被對手發現，成為攻擊的目標。實戰的話，在拔刀途中，右手前臂就會因對手劈砍而受傷；拔出的刀也絲毫沒有攻擊力可言，無法成為有效的攻擊。

一般人的動作愚鈍是因為挺直身體站立，只想用右手拔刀；而熟練的人會使用完全不同的方法──「不使用右手」而是使用全身的力道，讓刀與鞘的相對位置形成「已拔刀」的狀態。當然實際上，右手的動作也很重要，但常意識到要「用右手拔刀」的話，就無法練好居合術。

●用「左腰」和「右肩」的動作來拔刀

接下來，模擬示範「不只是用雙手」來拔刀的動作（圖3）。從圖3a的預備動作開始，稍微拱背且腰微彎（圖3b），並沒有下意識地要用左手，而是自然地讓刀往前滑出的狀態，隨著右手與上半身的連動，狀似接住柄的樣子，右手從下方握住刀柄。

再接下來含胸拔背，牽引左腰同時右肩往前時，刀能拔出一半（如圖3c）。因雙手相對於身體而言幾乎沒有移動，所以對手不容易察覺拔刀的動作，而且圖3c中，右肘還留有能充分伸展的空間，有利於串聯接下來要出的劈砍動作。

實際拔刀的動作，到圖3b為止，基本上是相同的 ※。保持右肩與左腰儘量靠近的感覺，動作就會變得圓滑順暢。在此階段，因為刀已是往前移動的狀態，馬上就可以帶出攻防氣勢及力道。

接下來圖4，將已相互靠近的右肩及左腰，反向拉遠距離並拔胸，將圖3c還留有伸展空間的右肘伸直，右手腕小拇指側微彎，能朝水平方向劈斬。

※ 雖然會因流派或斬擊方向的動作變化而有所不同，但使用全身這點是相同的。

圖 3　不依靠雙手出力，也能拔刀至此階段

（a）

←預備姿勢。

（b）

（c）

↑圓背彎腰，刀柄靠近右手。

←拔胸同時，右肩往前並牽引左腰，劍可拔出一半以上。

圖 4　拔刀後的劈砍方法

→從圖 3b 開始，刀刃往水平方向迴轉，同時伸右肘，並將右手腕附近的手指末三指彎曲，就能朝水平方向劈斬。力道不僅來自右手臂，也包括了背肌及肩胛骨的肌肉群。

刀柄被壓制無法拔刀時，
該如何處理？

　　最令人不解的是，居合術是將此狀況特別視為在預想以內的基本技術。確實如前述圖 2a 中，一般人用自己握刀的右手壓住刀柄頭的話，刀也拔不出來。但是，因為刀與鞘的相對位置最好是呈「己拔出」的狀態比較好，所以要全身運作來達成此目的。

　　圖 a 居合拔刀的瞬間，對手（左）壓制住刀柄頭而無法拔刀的狀態，幾乎不可能單用右手的力量推開對手來拔刀；勉強用力的話，反而產生空隙，容易被突擊。於是如圖 b，不去抵抗對手壓制柄頭的力道，完全不能改變刀的位置，包括柄頭在內，同時配合拉拔左腰，並用左手把刀推出刀鞘，即成為「已拔出」的狀態了。

　　此時，稍微移動柄頭的話對手就會察覺，這與 Q59（第 180 頁）的原理相同。完全不去改變柄頭的位置，或是經由柄頭回傳給對手的壓制力道，對手就無法察覺到拔刀的動作。

　　於是已拔出的刀因為是靜止狀態，所以能量為零。若對手只是單純地壓制柄頭的話，就可以利用刀本身的重量及手腕的扭力，以柄頭為迴轉中心將刀身往下迴轉。同時，刀刃的方向也會朝向對手，並在垂直軸的周圍迴轉，於是左手扶著刀背處，從胯下部位往上劈砍。

　　若已拔出的刀被對手以雙手握住柄的話，則要在更早的時機點，用左手輔助並利用較大的力矩將柄脫離對手的壓制，同時也能夠斬擊對手。

　　積極使用相同的技術下，用刀鍔壓制不讓對手拔刀的柄頭處，利用全身的移動下，也能比對手先拔刀劈砍。

圖　柄頭被壓制時的拔刀方法

●因為柄頭被對手壓制而無法拔刀。

（a）

（b）

�不改變柄頭的位置及要傳遞給對手的壓制力道，左腳向前時拔刀。

●變換刀刃方向朝上，從對手胯下由下往上劈砍。

（c）

第4章 武器的科學

●刀

武士刀是一把怎樣的刀呢？

日本武士刀輕巧容易使用，堅韌不易折彎，又適合劈砍，刀上的紋路及卓越的外型設計等，幾乎可以視為藝術品，已獲得世界上相當高度的評價。

武士刀可以劈斬鐵，相信很多人對「用鐵去斬鐵」會感到非常驚訝。雖然說是鐵，但鐵的成分有很多種，結晶構造也不相同，在科學的技術與分析落後的時代，刀匠師父憑藉經驗及敏銳觀察，並學習瞭解鐵的性質，將其特性巧妙運用在刀具的製造上。

武士刀的製作需經過很多工程步驟，光是這一部分就可以寫成好幾本書了。在此僅介紹製造過程主要的幾個重點。

以前日本因為沒有鐵礦或是煤炭，大多使用鐵砂和木炭，以「踏鞴製鐵」[1]的方法生產鐵，因木炭無法像石炭般耐高溫，鐵砂無法運用現代製鐵技術完全熔化，會形成 2 噸以上稱為鉧的粗鋼固體，將鉧仔細搗碎，依炭含量多寡及其他物質的比例加以篩選，品質優良的部分稱為「玉鋼」，是製作日本武士刀的材料。與鋼鐵有關的材質都可稱為鋼，當然也含有「刃金」的意思。

製刀過程中廣為人知的是「折疊鍛鍊」。刀匠將已加熱的玉鋼以捶打方式延展，折返二次重疊，再反覆捶打 10 ～ 15 次，到此步驟已形成 1024 ～ 32768 層的鐵材。在此過程中，其他不純的物質會從產生的火花中消失，這種多層次的結構下完成刀的美麗「外衣」。

有趣的是，用現代的製鋼法所製作的鋼鐵，不知是否因成分的微妙差異，造成反覆折壓都不易延展，無法用來製作刀。而據說有將隕鋼（主要成分為鐵和鎳的隕石）和玉鋼混合作為秘傳方法的刀匠，或許是因為較一般的鋼更近似堅硬的鎳鋼材質的關係。

用硬質的鐵製成的刀刃破壞力非常強，相反地也會變得比較脆弱，於

※1 早期其中一種製鐵法，產生製鐵反應，輸送空氣的送風裝置叫鞴（音同備，俗稱風箱），而鞴也可稱為踏鞴。

圖1　武士刀的構造和鐵的組合形式

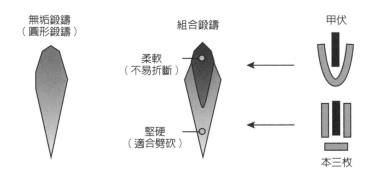

無垢鍛鑄
（圓形鍛鑄）

組合鍛鑄

柔軟
（不易折斷）

堅硬
（適合劈砍）

甲伏

本三枚

各種鐵的組合

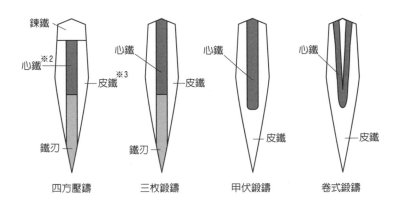

鍊鐵

心鐵※2

皮鐵※3

鐵刃

四方壓鑄

心鐵

皮鐵

鐵刃

三枚鍛鑄

心鐵

皮鐵

甲伏鍛鑄

心鐵

皮鐵

卷式鍛鑄

是有「合鑄」的產生，指的是從刀刃部分開始，使用炭素含量較少與柔軟中又帶有延展性的鐵組合而成（圖 1）。

最後的重要工程是「淬火」。高溫加熱的鋼放入水中浸泡使其急速冷卻，能變成安定的堅硬結晶組織（Martensite）[4]。短時間溫度下降越快的話就會變得越堅硬，因此刀刃部分保有硬度，接近刀背的部分保有適當的柔軟度，於是將刀身塗上土，利用土的厚度來調整溫度傳導的速度，這叫做「燒刃土」。雖然刀刃上所塗的土最薄，但據說完全不塗土的話，對刀的製作比較不好，其原因是因為淬火時所產生水蒸氣的氣泡會妨礙熱的傳導。

刀匠在刀身處用複雜的捶打方式不停地改變塗土的厚度。完成塗土後的樣子，在磨好後將以美麗的紋樣呈現。但是，一味地追求美而將紋樣變大的話，刀身的硬度會厚薄不均且容易折斷。

淬火時，將刀放入炭火中，用「鞴」同時調整溫度及加熱。從鐵的顏色變化來測量溫度，浸泡在適當的水溫中。若加熱不足當然不行，但給予不必要的高溫加熱，產生「重燒」會讓刀劈砍時的銳利度變差。

此時，刀匠的主要工作告此一段落。

接下來，研磨師經數十個階段的工程將刀磨好。磨好的刀的刀刃上會形成細微的鋸齒狀，劈斬時具有相當強的破壞力（也就代表著，只要刀刃被壓制時，將不利於劈砍攻擊）。

將兩把刀的刀刃朝上固定在地上，能赤腳踩在上面的理由在此。而非常銳利的菜刀，雖然刀刃也是呈鋸齒狀，但有一說法是因刀和菜刀研磨的方法不一樣，所以站在菜刀的刀刃上也許比刀刃危險。

因此，武士刀可說是古人的精神與技術的結晶。

※4 能抵擋敵人巨型砲彈的戰艦「大和」號的裝甲板表面，就是用麻田散體（Martensite）所製成。

圖2　刀的主要結構

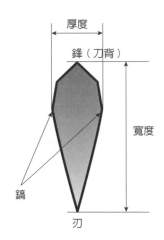

厚度

鋒（刀背）

寬度

鎬

刃

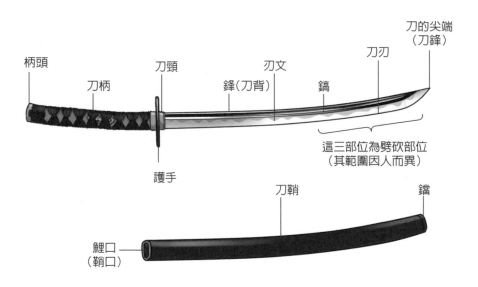

柄頭

刀柄

刀頸

鋒(刀背)

刃文

鎬

刀刃

刀的尖端
（刀鋒）

這三部位為劈砍部位
（其範圍因人而異）

護手

刀鞘

鐺

鯉口
（鞘口）

● 刀

武士刀的斬擊原理和
利於劈砍的刀之製作方法為何？

斬擊物體時，作用於刀刃上的力一般認為有以下三種（圖 1a）：

①刃的尖端，切開物體時的抵抗力 F_c。

②刃的側面，左右推開物體的反作用力 F_s。

③與推開的物體之間產生的摩擦力 F_f。

如果這三種作用力越小，所鑄成的刀將會非常利於劈砍。

①的 F_c，刃的鋒利度，當然是依破壞力而定。刃的側面若是材質容易龜裂的話，左右推開物體時，F_c 幾乎等於零。舉個極端的例子來看，用柴刀或斧頭劈柴，或是垂直劈斷竹子的話，一開始劈入時，F_c 的力量需要很大，一旦開始裂開，刀刃的尖端使用不到力量（F_c=0）。

此時也產生以下兩種作用力，即如同剛才所述，刀刃左右推開物體往前進的作用力。推開的速度 V'，是由刀的速度 V 和角度 θ 來決定（圖 1b）。刀往整齊切斷的物體兩側推開的速度為 V'，而刀刃的側面推開物體的力為 F_s 時，根據牛頓第三運動定律，兩物體相互作用時，彼此施加的力大小相等、方向相反（圖 1a 的 F_s），於是自物體作用力施加於刀刃的兩側。

刀刃左右推開物體並同時由切斷面滑入，其摩擦力為③的 F_f。摩擦力與垂直刃面的力 F_s 幾乎成正比。若是劈砍翠竹或卷藁（將含有水分的稻根或藺草等捲起來綁成一束）的話，摩擦力應該會比較小，外觀看起來就很柔軟的材質（例如皮革），實際比外表看起來還更柔軟的話，摩擦力小而阻礙刀的劈砍順暢度。

而刀刃尖端的角度 θ 越小的話，推開的速度 V' 也越小，伴隨的反作用力 F_s 變小，摩擦力 F_f 也會變小。例如材質不同，即使 F_s 很大

圖1 刀刃劈砍物體的結構

（a）

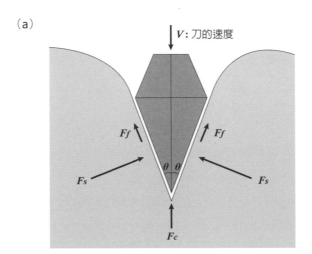

（b）　　　　　　　　（c）　　　　　　　　（d）

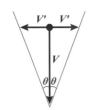

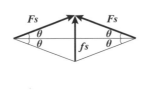

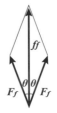

V' 是刀刃往左右推開物體的速度。

來自物體兩側的力道合而為一，形成讓刀停止前進的力 fs。

左右兩側的摩擦力也會形成 f_f，是讓刀停止前進的力。

而 θ 很小的話，從圖 1c 可知，讓刀停止的前進力 Fs 會變小。

因此，刀刃尖端的角度越是小而薄的刀刃，受到物體的反作用力（抗力）也會變得越小。但因為是薄刀，所以份量不足，產生的威力會減少。因此，刀的寬度（身幅）越寬，重量又夠重的話，就會很適合劈斬。

●為什麼武士刀的刀身呈弧狀呢？

至此總結一下，刀刃尖端的角度 θ 越小，來自物體的反作用力（抗力）就小，刀會變得很好劈砍。刀有可將刀刃尖端的角度 θ 形成比實際角度更小的構造。那就是彎弧（圖 2）。

刀劈砍接觸到物體時，假設是朝正下方移動。若沒有彎弧的話，刀劈砍的途徑是從 A 點至 B 點。相反地，若有彎弧，劈砍物體時則變成 A 點到 C 點的途徑（圖 2a）。

從放大圖 2b 來看，從刃到鎬的距離由 L_0 至 L 增長。其結果如圖 2c，刀刃尖端的角度由本來的 θ_0 變成較小的 θ。特別是刀鋒的部分（圖 2a），θ_0 本來就小而且又與彎弧最大彎曲的角度相同，θ 就變得更小。

古裝劇中，常有高手出刀斬擊樹枝末端或花莖，靜待片刻後才慢慢墜落的場景。雖然有點誇張，在圖 1b 中，θ 非常小，結果被劈砍的部分只有極小的速度 V'，所以無法彈飛物體。

實際劈砍物體時，有刀朝手的方向拉引的劈砍方法，就像切生魚片時，刀往後拉時會比往前更鋒利好切一樣。這也與彎弧的道理相同，刃的尖端角度越小，效果就越好。

圖 2　武士刀的「彎弧」具有重要的意義

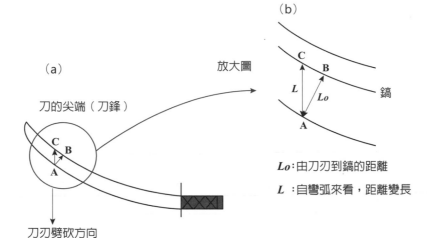

（a）

放大圖

刀的尖端（刀鋒）

（b）

C
B
L
Lo
鎬

A

Lo：由刀刃到鎬的距離

L ：自彎弧來看，距離變長

刀刃劈砍方向

（c）

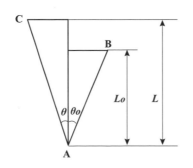

C
B
θ θo
Lo
L
A

←刀的剖面。為了方便
說明，圖中 **AB** 和 **AC**
表示刀的兩側面。

θo：刀刃尖端實際的角度

θ ：自彎弧來看，角度變小

「刃筋直立」是什麼意思？

武士刀的破壞力非常驚人，其第一個條件是「刃筋直立」[※]，即刀的行進方向與刃的方向需正確一致，這點非常重要。如果刃筋沒有直立，則為「刃筋偏離」。

刀刃尖端角度小的薄刃，且又有彎弧，在刃筋直立時，最容易劈砍。此點如同在 Q35（第 108 頁）中的說明，是僅限於刃筋直立的情況。當刃筋偏離的時候，不論是薄刃（視情況而異）或是彎弧，都會有弱點。彎弧在別的章節中會說明，在此先說明薄刃的弱點。

如圖 1，刃筋偏離時（稍微有點誇張），只在單側有二個很大的作用力 Fs 和 Ff（參照 Q35 的圖 1，第 109 頁）。將這些力合起來變成一個施加力道 F，此力在圖 1 中是朝往左上方向。仔細來看，能分解成二個力道（圖 2），即向下前進中的刀往上停止的力量 Fu，與刀的前進方向往左彎曲的左邊的力量 Fl，於是刀急速停止，而且往左彎曲。

更進一步，如圖 1 般，因力 Fs 的緣故，刀越來越朝傾斜角度變大的方向迴轉。雖然力 Ff 作用能將傾斜導正，但因作用力太小（詳細內容如圖 1 中迴轉的力矩公式），結果導致即使刃筋一開始稍微偏離，但會漸漸變成更大的偏離。

用尺敲打桌角，敲打於狹小的面積上不會彎曲變形；敲打平面時，反而容易彎曲變形。此與薄刃的真劍相同，刃筋產生很大的偏離時會產生彎曲或折損。

※ 也稱為「通過刃筋」。

圖1 刃筋偏離的狀態

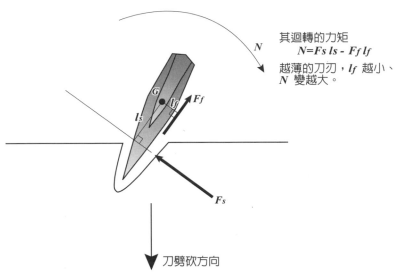

來自物體的力道，導致越來越偏移

其迴轉的力矩
$N = Fs\ ls - Ff\ lf$

越薄的刀刃，lf 越小、
N 變越大。

刀劈砍方向

圖2 刃筋偏離的狀態下所使用的力道

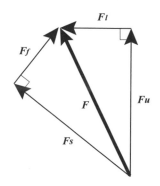

Ff 和 Fs 同時施加的力，與
Fu 和 Fl 同時作用的力產
生的效果相同

●刀

如果刃筋沒有直立的話又會如何？

　　當刃筋在過度偏離的情況下劈砍時，刀會彎曲，或是欲劈砍的物體很堅硬的話，刀會折損。我實際看過舊日本陸軍在實戰中使用過的軍刀，的確有一點彎度。刀刃從劈砍的方向偏右的話，即使不是偏離得很嚴重，左邊的刃面因受到很大的抗力，刀會急速失去氣勢，砍入的方向也會偏右彎曲，無法達成深入劈砍。

　　圖 1 顯示有位居合道的弟子，想由右上使出袈裟斬 * 卻失敗的景象。為什麼會形成此切口呢？

　　如圖 1，相對於行進方向，已經傾斜的（圖的朝下方向）刀刃，在劈砍到竹子的表面時就無法朝行進方向劈砍，刀刃若更垂直直立的話，刃只會滑過竹子的表面。在圖 1 中，因刃的方向已略微往下，似削到竹子表面般砍去，被刀推壓竹子往左傾斜。隨著竹子傾斜的角度變大，刀的進行方向會逐漸深入朝向竹子的中心劈砍而停止。無法完全劈砍竹子的原因，是因為刃筋的偏離所造成的抗力及斬斷面變大，而耗盡了刀的動量。

　　在此之後，老師技術示範，竹子斷成二節而且斷面呈整齊完整的平面切口。

　　實戰中，用槍（或是竹棍或木棒）與對手打鬥時，面對突刺而來的槍的長柄，即使想從水平橫向劈砍，迎合突刺的速度卻不改變刃的角度的話，刃筋將無法直立，理由請參照圖 2。古裝劇中，雖然常看到持槍的對手被劈砍倒下的場景，但若不是相當程度的高手，是不可能達到此技術的。

　　※ 袈裟斬，意指用刀從對手的肩開始斜向攻擊的劈斬方式。

圖 1　刃筋偏離的話，無法產生整齊完整的切口

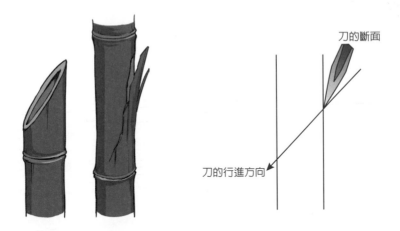

刀的斷面

刀的行進方向

⬆刃筋直立的話，切面會整齊平順（左）；刃筋要是偏離的話，會產生奇特的劈砍方式（右）。

⬆刃筋應該與刀刃的行進方向一致。如該圖所示，若是刃筋沒有直立，則無法整齊平順地劈砍。

圖 2　面對移動中的槍，很難以刃筋直立的方式劈砍

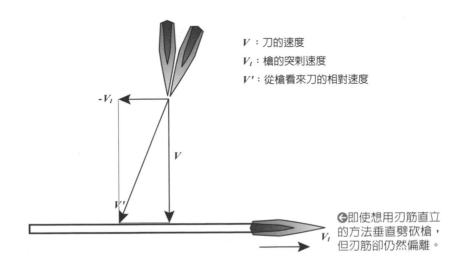

V：刀的速度

V_l：槍的突刺速度

V'：從槍看來刀的相對速度

$-V_l$

V

V'

V_l

⬅即使想用刃筋直立的方法垂直劈砍槍，但刃筋卻仍然偏離。

武士刀的彎弧和刃筋有何關聯？

　　如圖 1，用沒有彎弧的刀從物體正上方往下劈砍，刀的重心 **G** 位在刀身斷面的中央附近，來自物體的反作用力 **F** 在重心 **G** 的周圍產生往右迴轉的力矩，所以刀更往右傾斜，而刃筋的偏離就變得更大。

$$N=Fl$$

　　一開始，刃筋就確實直立的話，因 $l=0$，力矩也 $N=0$，刃筋不會偏離。相反地，若一開始刃筋就偏離很大（l 大），力矩 **N** 也會變大，因而增加了刃筋更急速地偏移。

　　接下來，針對彎弧大的刀來分析說明。如圖 2a，重心 **G** 不是在刀身的內部而是在刀身表面的位置。假設用此刀的重心 **G** 附近劈砍物體 **A**（圖 2b），與圖 1 刀自正上方劈砍而下的點不同，只是重心的位置比較高，結果圖 2a 中物體 **A** 與重心 **G** 的水平距離 **L**，變得比圖 1 的 **l** 大，刃筋偏移的力矩 $N=FL$ 也變大。所以用彎弧大的刀的重心附近劈砍時，刃筋非常容易偏移。

　　更進一步，用與上述相同彎弧的刀的刀鋒附近劈砍時（圖 2a 的 **B** 物體），與圖 2b 相同的斷面分析圖 2c 時，發現重心 **G** 自刀刃位置往下移動。若從水平方向來看的話，如圖 2c 中，物體 **B** 和握柄的兩手 **H** 形成支撐刀的狀態 [1]。而圖 2c 中，因重心 **G** 往下移動的關係，即使最一開始刃筋就偏離，對於直線 **BH** 而言，重心 **G** 仍會往最低的位置移動 [2]。簡言之，偏離的刃筋會自動回復。持有彎弧的刀劈砍時，用刀鋒附近比用刀中央更容易刃筋直立地劈砍。

[1] 有關劈砍瞬間，從手到刀所施加的力道，請參照 Q40（第 120 頁）。
[2] 重心 **G** 位於比 **BH** 更上方時，圖 1 的 **l**（連同 **N**）會變小。

圖1 沒有彎弧的刀,其刃筋偏移方式

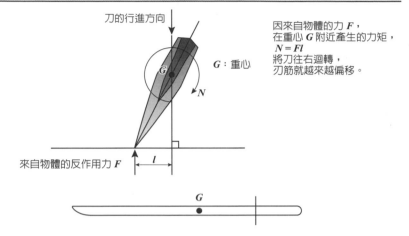

刀的行進方向

G:重心

N

來自物體的反作用力 F

l

因來自物體的力 F,
在重心 G 附近產生的力矩,
$N = Fl$
將刀往右迴轉,
刃筋就越來越偏移。

G

圖2 彎弧大的刀,其刃筋偏移的方式

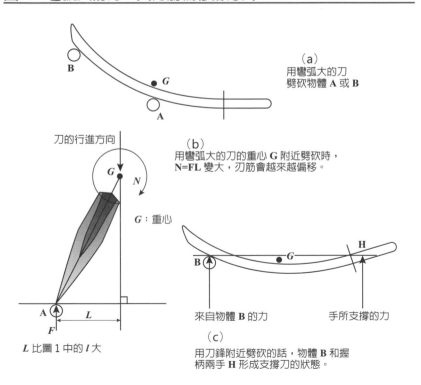

B

G

A

（a）
用彎弧大的刀
劈砍物體 A 或 B

刀的行進方向

G

N

G:重心

A

L

F

L 比圖1中的 l 大

（b）
用彎弧大的刀的重心 G 附近劈砍時,
$N=FL$ 變大,刃筋會越來越偏移。

B

G

H

來自物體 B 的力

手所支撐的力

（c）
用刀鋒附近劈砍的話,物體 B 和握
柄兩手 H 形成支撐刀的狀態。

●刀

再詳細說明，刀的彎弧與刃筋直立容易度的關係？

在揮動居合術所使用的模擬刀時，發現了一些有趣的現象。刀身的兩側有稱為樋的部位，是為了減輕重量而刻出的凹槽，而且容易發出聲音，若用單手任意揮動下，反而比雙手注意刃筋方向揮砍時更容易發出咻的聲音，單手明顯比較容易刃筋直立。因為一般認為，如果兩手持刀的話，「左右手的力量不平均，就容易產生刃筋偏移」。但為什麼用單手比較容易刃筋直立呢？理由是彎弧的效果。

如圖1，將刀柄放入易滑動的管子中，而刀刃幾乎朝下方保持水平。因為刀的重心 *G* 位在柄的高於延伸的位置，刀因重力而迴轉，故重心往下掉至 *G'*。簡言之，是重心朝重力方向移動的原因。

圖2，電車往右加速時，乘客會往左搖晃。這是除了地球的重力以外，並同樣地產生了往左的重力。電車的加速度越大，外在看到的重力※也會隨之變大。

圖3，將垂直直立的刀往右揮動──簡言之就是將刀加速度，而且刃筋接近刀背處並幾乎呈相反位置。握刀柄的手相當於電車，刀相當於是乘客，此時發生往左方向外觀看到的重力，一直都比地球的重力還要大。這與圖1中，地球的重力變得非常大是相同的情況，即是刀急速迴轉，且刀刃之所以朝行進方向的右邊的原因。

武士刀或是同樣具備有彎弧的薙刀，例如從右上往左下方劈斬，也可維持原姿勢朝相反方向來劈斬（圖4），憑藉著往反方向急加速的力道將刀刃迴轉，就會刃筋直立。

　※ 外觀看到的重力，意指一定的重力和慣性力（Inertial Force）作用時，其重力和慣性力的合力。

圖 1　任由重力變化時，刀背會朝下

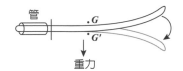

←即使固定刀刃朝下，因重力關係重心會往下降，因而產生彎弧像朝下方迴轉。

圖 2　外觀看到的重力

↑當電車往右移動時，車廂內的乘客會往左搖晃。

圖 3　外觀看到的重力的效果

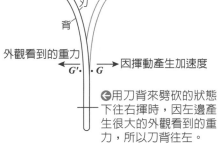

←用刀背來劈砍的狀態下往右揮時，因左邊產生很大的外觀看到的重力，所以刀背往左。

圖 4　往下劈砍的示意圖

↑袈裟斬，由上方往斜下方劈斬。

↑此時，將朝下方的刀刃迴轉成刀刃朝上的方向。

↑逆袈裟斬，由下往斜上方劈斬。

武士刀劈砍物體時，
手感及破壞力為何？

　　如圖 1，依 *A* → *B* → *C* 的順序揮刀。重心由 *A* 的 *G$_0$* 經過 *B* 的
G，再到 *C* 的 *G$_1$* 移動，因刀也往左迴轉的關係，刀會如同刀的尖端處
般快速地移動。假設在重心速度及迴轉速度一定下揮刀，手握刀柄中
央 *Q* 的速度 *V$_0$* 當然也一定。

　　接下來，假設在相同的動作下，到達 *B* 點為止的瞬間用 *P* 點劈斬
物體，來自物體的反作用力 *F* 作用於刀上（*B*），因此力 *F* 導致重心
速度變小，所以不是 *G$_1$* 而是只能移動到 *G'*（*C*）的位置。力 *F* 在重
心 *G* 的周圍，因保持往右迴轉的力矩 *Fa*，會導致刀往左迴轉變慢。
所以如果來自物體的力道大到某種程度的話，刀會變成往右迴轉
（*C'*）。

　　假設柄 *Q* 的速度因重心移動速度變小下減緩，但隨重心周圍的右
迴轉而增加，於是當下劈斬完後，柄 *Q'* 的速度為某一數值 *V'*。省略
計算的過程，刀的質量 *m*，重心周圍的轉動慣量（慣性矩）[1]為 *I$_G$*，
當有：

$$ab = \frac{I_G}{m} \text{的關聯性時，} V' = V_0$$

　　簡言之，柄的中央（*Q* 和 *Q'*）速度不變。而且，握柄的手沒有振
動，只有劈斬時感覺到快速俐落的輕巧手感。將此情況下的 *P* 點改寫
成 *P$_0$*，並稱之為無振動點。無振動點的位置只依刀的構造（重心位
置、轉動慣量與質量的比值）不同而異，不論什麼方式揮砍（重心速
度和迴轉速度），無振動點的位置都不會改變。

　　用一把模擬刀（全長 102 公分、質量 950 公克，重心位置由刀的
尖端起算 60 公分處），在簡單的實驗下計算 $\frac{I_G}{m}$。利用上述的公式計
算出無振動點的位置，是在刀的尖端起算約 30 公分處。

※1 有關轉動慣量（Moment of Inertia），請參照 Q44（第 132 頁）。

圖 1　劈斬物體時，刀的移動變化

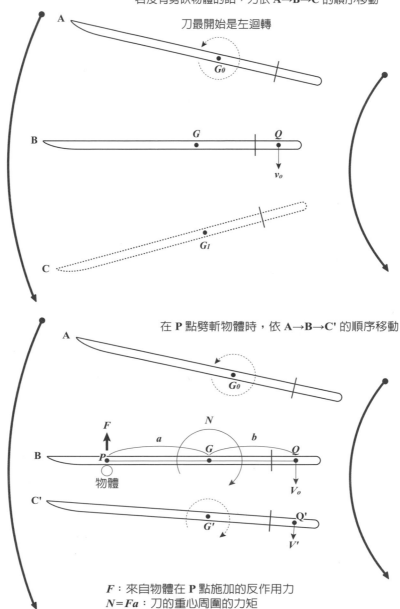

若沒有劈砍物體的話，刀依 **A**→**B**→**C** 的順序移動

刀最開始是左迴轉

G₀

B　　　　　　　　　　*G*　　　　　*Q*

v₀

G₁

C

在 **P** 點劈斬物體時，依 **A**→**B**→**C'** 的順序移動

G₀

F　　　　*N*

a　　　　*G*　　　*b*

B　　*P*　　　　　　　　　　　　　*Q*

物體

V₀

C'

G'

Q'

V'

F：來自物體在 **P** 點施加的反作用力
N=Fa：刀的重心周圍的力矩
V₀：柄中央 **Q** 的速度
V'：剛劈砍完後，柄中央 **Q'** 的速度

●用無振動點 *Po* 以外的點劈斬的話，情況會如何？

如圖 2a，用比 *Po* 更接近刀的尖端部位劈斬時，柄往下方向急加速[2]，朝揮動方向拉引般的振動會傳遞至握柄的雙手。如果沒有握好，柄會從手中脫離。就像用棒子的最前端部位敲打堅硬的地面時手會感覺酸麻，是相同的原理。

圖 2b，物體太堅硬完全無法劈砍時，物體和雙手會形成停止刀劈砍的力道。劍術家因擁有急速停止猛烈揮刀的技巧，在圖 2b 中，柄不會離開手。還有，如果停止柄的加速度的話，就形成「雙手的擋牆」，因刀的尖端更往行進方向移動，物體比柄離開時被施加以更大的力道，所以變得容易劈砍。

一般從刀的尖端算起，約 3 寸（約 9 公分）處或是約三分之一的地方，稱為物打，主要是以此部分來劈砍物體。用該部位劈砍時，以適當的強度朝行進方向拉引，能使雙手停住，加上「雙手的擋牆」原理，如同在 Q39（第 118 頁）中說明般，有正確保持刃筋的作用最能適合劈砍。

如圖 2c，用比 *Po* 更接近鍔根附近的部位劈砍堅硬物體時，向下揮動的柄會反向往上移動，勉強將其向下壓制的話，仍然和 Q39 中所敘述一樣，會產生刃筋偏移，刀會彎曲變形，也因為鍔根附近的速度很小而不適合劈砍。

劍術家所謂的「用真劍以物打的部分去劈斬」，「失去鍔根附近的刀刃也無妨」，其實是符合力學上的原理。

※2 物體變成「牆」。

圖 2　用無振動點 P_0 以外的位置劈斬

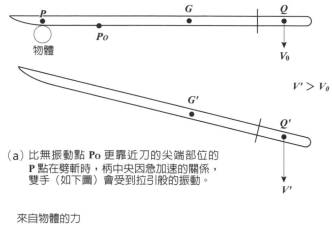

$V' > V_0$

（a）比無振動點 P_0 更靠近刀的尖端部位的
　　P 點在劈斬時，柄中央因急加速的關係，
　　雙手（如下圖）會受到拉引般的振動。

來自物體的力

來自雙手的力

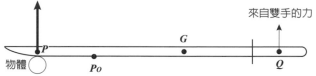

（b）物體太堅硬無法劈斬時，以物體和雙手
　　（Q）停止刀劈砍的力道。

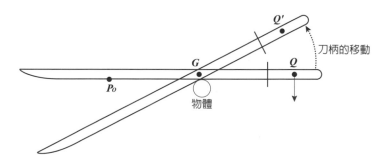

刀柄的移動

（c）用比 P_0 更接近鍔根附近的部位劈砍堅硬物體時，柄會朝反向移動。

武士刀適合劈斬，
那為何會折損或彎曲呢？

　　武士刀的破壞力全世界都讚譽有嘉，但這是以「行家並符合刃筋
直立的情況下使用」為前提，才能發揮驚人的破壞力。刃筋偏移的話，
刀身會產生朝橫向彎曲的力矩，就容易發生折損或彎曲變形的情況。
敲擊像這樣已折損或彎曲變形的刀刃處附近，極端的情況下會被「斬
平」，或被木刀從正向水平敲擊時，會產生嚴重的折損。據說，品質
不好的刀敲擊水面時也會折損。

　　為了容易瞭解其本質，用斷面為長方形（寬度 a，厚度 b）的棍棒
代替刀來說明分析。而關於彎曲力矩的施力方法，例如將刀柄的部分
固定，在刀的尖端施加力道的方法，或是兩端固定，在中央部分施加
力道的方法等等，條件非常複雜。

　　在此，舉一個容易瞭解的例子。雙手握住棍棒兩端，用手腕的扭
力折彎棍棒（圖 1a）。此時，棍棒整體被施以相同的彎曲力矩 N 及相
同的彎曲方法（與道路的曲率半徑 R 為一定的情況相同）。

　　放大棍棒的中央部分來看的話，棍棒的上方 A 處是最收縮的地
方，下方 B 處是最伸展的地方（圖 1b）。作用 A、B 面於各部位的壓
應力（壓力）和張應力（不論哪種力，其大小都以 p 表示），與 A、
B 面各自所受到的收縮與伸展成比例。因中央 O 附近的伸和縮都很
小，應力也少，不太能發揮抵抗彎曲的作用。

　　其實，水管就是「如果沒有作用的話就去掉不要」而挖空中間部
分。簡言之，對於彎曲會以最大的伸縮來抵抗，所以真正最先產生破
壞的是上下兩部位。

　　施以力矩 N 時，A、B 面會產生應力 p，如公式（1）所示。力矩
N 變大，應力 p 到達某種限界值時，開始受到破壞。

圖1　在長方形棍棒兩端的斷面處施以彎曲力矩 N 的情況

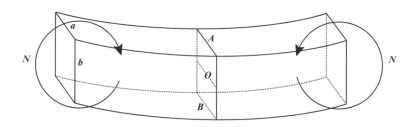

（a）寬度 *a*、厚度 *b* 的棍棒，在一定的曲率[※]半徑下彎曲

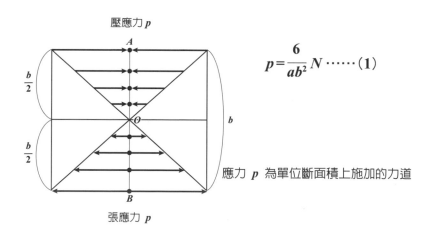

$$p = \frac{6}{ab^2} N \cdots\cdots (1)$$

應力 *p* 為單位斷面積上施加的力道

（b）棍棒的上方 **A** 是最收縮的地方，下方 **B** 是最伸展的地方。
　　→← 表示壓縮率和壓應力，←→ 表示伸長率和張應力的大小

※ 曲率：衡量彎曲程度的數值。

對於力矩相同而寬度 a 和厚度 b 越大的話，當然應力 p 會變小，但很重要的是 b 要自乘二次。例如圖 2a，棍棒朝垂直方向彎曲時，運用（1）的計算公式下：

若 $a=1$，$b=4$ 時，$pt= \dfrac{6}{16} N= \dfrac{3}{8} N$

相較於此結果，當棍棒朝水平方向彎曲時（圖 1b），

若 $a=4$，$b=1$ 時，$pt= \dfrac{6}{4} N= \dfrac{3}{2} N$

應力變成 4 倍大（為了方便理解，所以省略單位）。這是因為刀朝水平方向的彎曲較弱之原因。

接下來，斷面積（寬度 a x 厚度 b）相同，但比上述的例子用較薄但寬度較寬的棍棒（$a= \dfrac{2}{3}$、$b=6$），再用（1）的公式計算一次，

垂直方向 $pt= \dfrac{1}{4} N$ ，水平方向 $py= \dfrac{9}{4} N$

得出以上結果，垂直方向彎曲時的應力較小，水平方向彎曲時的應力比垂直方向大 9 倍。若是以刀的狀況，刀身寬度越寬、厚度越薄，刃筋直立正確時，垂直方向較強，而水平方向較弱。

實際上刀刃的部分雖然堅硬，但也非常脆弱，而刀背側堅硬度不如刀刃，但具有延展的黏性。用刀劈砍堅硬物體時，刀身如圖 3 般彎曲（圖是誇張的情況），與圖 1 的受力上下相反，刀刃側是收縮而刀背側是伸展。這是因為刀刃側耐收縮力強，刀背側因為有黏性，所以能耐伸展的緣故。

但是，即使是垂直方向相同，用刀背劈砍堅硬物體時，因刀刃及刀背側上下相反，變成刀刃側會伸展，刀刃不僅延展較弱，而且是容易產生細微裂痕的構造，很容易就受到破壞（圖 4）。特別在打鬥時，刀刃有缺口或龜裂的話就更容易斷裂，這與裝入醬汁的醬料包開口處因應力集中，輕易就能撕開的道理一樣。

圖2 垂直和水平方向產生不同的應力

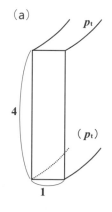

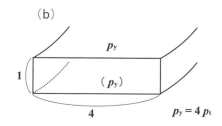

相同斷面的棍棒即使在相同力矩下彎曲，垂直方向（a）和水平方向（b）的上、下應力有相當大的差異。

圖3 劈砍堅硬的物體時，刀刃側收縮，刀背側邊延展

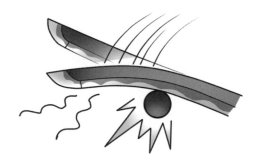

圖4 應力集中時……

能輕鬆撕開醬料包

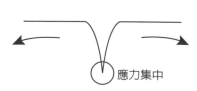

應力集中

●刀

武士刀能將子彈均等切成兩半嗎？

　　某個電視節目曾模擬示範日本武士刀的威力，方法是將能破壞水泥磚塊威力的手槍固定，從正面射擊已固定住的武士刀，結果刀完全沒有任何缺口，子彈卻分成兩半，並往兩側方向彈飛出去。

　　從動能的觀點來分析說明此現象。假設子彈的質量為 $10g$（$m=0.01kg$），速度 $v=350m/s$，動能 E 為：

$$E= \frac{1}{2} mv^2= \frac{1}{2} \times 0.01kg \times（350m/s）^2=613J（焦耳）（圖 a）。$$

　　此結果是一流格鬥家的手臂攻擊力量的數倍以上，若真被此力道攻擊的話，子彈當然也會被破壞。

　　子彈是由銅等金屬把鉛包覆起來的柔軟構造（圖 b）。觸碰到銳利的刀刃，輕易就能斷成兩半。在此情況下，就如同把子彈吊掛著（現實中雖然不可能），再用與子彈相同的速度揮刀劈砍一樣。

　　因切斷時間非常短暫，子彈無法減速而分成兩半彈飛。減的速度越小，子彈碎片的動能總和與最初的值相比，差異並不大。簡言之，子彈的動能與破壞水泥硬磚時不同，原因是只有非常少部分的動能傳遞至刀上。但是，若打擊刀的側面，因大部分的動能都能傳遞的關係，刀應該會折損。

　　或是用 12.7 公釐的機關槍射擊刀時，刀刃逐漸產生裂痕，缺口不斷變大，在最初射擊的數發子彈中就已折彎變形了。若子彈含有鋼鐵就更無法輕易劈斬，因為手槍約將近 30 倍的動能大部分能被子彈傳遞，所以刀無法抵擋承受。

圖　發射的子彈中心的能量

（a）

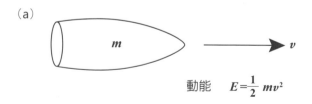

$$動能\quad E=\frac{1}{2}mv^2$$

⬆子彈的質量 **m** 越大、速度 **v** 越快，動能就會更大。

（b）

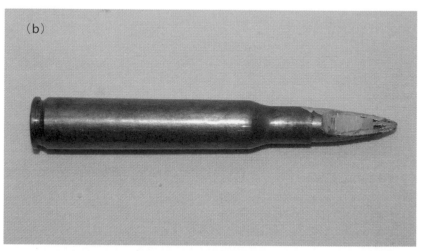

⬆現代的子彈是用銅合金的皮（外套）包覆鉛所製成。　照片來源：Kanoyoshinori

◉棍、刀、槍

棍、刀、槍的威力及其差異為何？

為了能瞭解各種武器威力本質上的差異，任選了幾樣在重量上大致相同（1~2kg 左右）的武器來分析說明，其中的任何武器都能做突刺、敲擊或劈砍等攻擊。依據武器的種類或使用方法，仔細來看其衝擊力 F，所產生的瞬間最大值或衝量雖然不同，但在此假設並沒有太大的差異。

最大的差異，是在於與攻擊目標的接觸面積 S 大小。S 依大小順序排列如下：

①**棍的敲擊**

②**棍的戳力**

③**刀的劈砍或槍刃的敲擊**

④**刀的突刺**

⑤**槍的突刺**

而施加於目標的力量（每單位面積的力）以 p 來表示對目標的殺傷威力。

（壓力 p= 衝擊力 F÷ 接觸面積 S）

用棒棍敲擊腹部時，因腹部柔軟且接觸面積 S 很大（壓力 p 很小），即使有因衝擊產生的傷害，也不會太有殺傷力。但是，如果是堅硬的頭部，因接觸面積 S 相對比較小（壓力 p 很大），有可能會造成頭骨受傷甚至破裂。

對手穿著堅硬的護具時，當然用①②③，或有些情況用④，均無法破壞護具，這是利用護具和身體的接觸面去抵擋衝擊力 F，因此施加於身體上的壓力 P 非常小，所以不會產生傷害。

綜合以上所述，在穿著護具打鬥的戰場上，符合身分的武士有「一槍之主」※ 的稱號，由此可知可以貫穿護具的⑤曾經是最具有威力的武器。

※ 日本室町時代，武士的主力武器以槍為主。逐漸地，擁百槍成為武士的榮譽象徵，並成為武士不可或缺的武器，被允許擁有槍而身分又能讓隨從拿槍行走的武士，也被尊稱為「一槍之主」。

圖 1　接觸目標的面積越小，武器的力道越強

⬆相同原理下，可以感受被高跟鞋鞋跟踩到的威力。

⬆若棍棒上有角或有如圖釘般的凸點，接觸面積 S 會比圓形棍棒小。

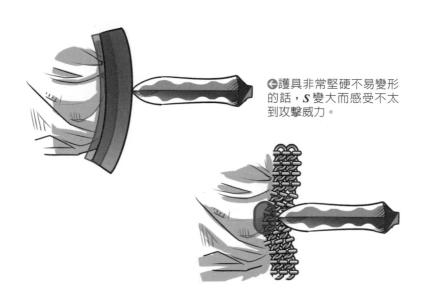

⬅護具非常堅硬不易變形的話，S 變大而感受不太到攻擊威力。

⬆即使沒有貫穿護具，只要護具變形的話，S 雖然有變大 (仍比上圖小)，但在某種程度上仍有攻擊力。

刀或槍的重量或長度，
與揮轉的難易度有何關係？

重的東西不容易移動（加速不易），即使重量一樣，長的物體也不易迴轉，由改變曬衣竿的方向可知，長度比重量更令人感到困難。只要是物體的移動，都是重心周圍的迴轉和平移運動（Translation motion；無迴轉下，包括重心在內整體的移動）的組合。

●何謂力矩（Torque）？

首先，我們來認識力矩在力學上所表示的意思。避開重心 G 的地方加以施力時，重心本身會移動（平移運動），並同時也會產生重心周圍的迴轉，引起這個迴轉的迴轉力的就叫做力矩。

> ### 力矩 = 力 × 迴轉半徑

如圖 1a，靜止中的物體繼續施加此力，重心 G 會朝力的方向移動至 G'，物體在重心移動的周圍開始迴轉。用單手輕握住刀柄且手腕放鬆力氣（使用手腕的扭力，則力矩為零）揮動時，情況如圖 1b 所示移動。

像雙手握刀般同時施加兩個以上的力時，每個力的力矩總合變成重心周圍的力矩（但是左迴的力矩為正的話，右迴的力矩即變成負的），並且即使用單手握刀，若在手腕處施加力道，如圖 2 在手掌的兩個地方施以相反方向的力時，會產生左迴的力矩。

●何謂轉動慣量（Moment of Inertia）？

隨力之大小，可將物體（的重心）加速；同樣地，隨力矩的大小，物體的迴轉速度[*1]也會有所增減。當物體越重時，越不容易加速（較小的加速度），相同地，（重心周圍的）轉動慣量（慣性矩）越大，迴轉的加速度[*2]就會變小。轉動慣量，是指對於迴轉的重量。

※1 在力學上，稱之為「角速度（Angular Velocity）」。
※2 在力學上，稱之為「角加速度」。

圖 1　力矩是「力 × 迴轉半徑」

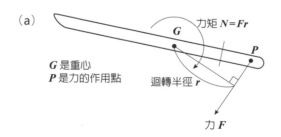

（a）

G 是重心
P 是力的作用點

力矩 $N=Fr$

迴轉半徑 r

力 F

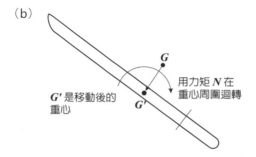

（b）

G' 是移動後的
重心

用力矩 N 在
重心周圍迴轉

圖 2　即使單手也能施以力矩

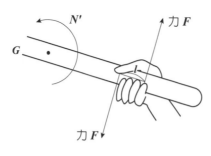

N'

力 F

G

l

力 F

◀使用單手，在兩個地方
施以相反方向的力 F 時，
產生力矩 $N' = Fl$

用一樣的棍棒來說明，如圖 3a 重心周圍的轉動慣量 I_G，與質量 m 成正比，與長度 l 的平方成正比，即使重量相同，長度增加 2 倍（又細又長）的話，I_G 則增加 4 倍。

如圖 3b，重量和長度都增加 2 倍的話，I_G 就增加 8 倍了。簡言之，1 公尺的棍棒和粗細度相同的 2 公尺的棍棒，雖然給予同樣的迴轉速度，2 公尺的棒子卻需要 8 倍大的力矩。如圖 3c，以棒子的 B 端為中心轉動時，B 周圍的轉動慣量 I_B 比重心周圍的 I_G 大 4 倍。

● 迴轉重量變輕的操作方法

像槍這般又長又重的武器，只是在重心周圍轉動就相當費力，更何況是手持一端轉動，這需要更大的力矩。但是，即使是相同的迴轉速度，A 點的速度與自迴轉的中心（在圖 3a 及圖 3b 中為重心 G，圖 3c 中為 B 點）算起的距離成正比，即在圖 3a 的 v、圖 3b 的 $2v$，和圖 3c 的 $4v$。為了揮動而耗力的部分，只能讓速度略為提升。

在某些電影中，對自己的力氣感到自滿的人，用如圖 4 般的大鐵鎚與惡漢打鬥，因欠缺敏捷度反而一直被打。因為 B 點周圍的轉動慣量非常大，一般普通的握法不易轉動。看見此狀的武術家建議說「將長的武器當成短的來使用」。

於是手改握在重心 G 附近，當下「很重的鐵鎚立刻就變輕了」。於是，接連打敗惡漢。因為重心周圍的轉動慣量比 B 點周圍更小，相對於迴轉的重量急速減少的原因所造成。

相同的原理，薙刀或槍等又重又長的武器，儘量握持在重心的周圍揮動武器，還有雙手的間隔或是走路步伐的寬度（相當於是圖 2 中的 l），要儘量取最大值，武器上施加的力矩或是讓全身迴轉的力矩要變大（圖 5）。雙手的間隔或是走路步伐的寬度減少一半的話，為了產生相同的力矩需要花 2 倍大的力道，而力矩的效果將無法完全施展。

圖 3　要揮動又長又重的武器，非常辛苦

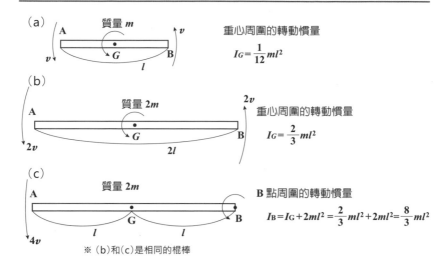

（a）

質量 m

重心周圍的轉動慣量

$$I_G = \frac{1}{12}ml^2$$

（b）

質量 $2m$

重心周圍的轉動慣量

$$I_G = \frac{2}{3}ml^2$$

（c）

質量 $2m$

B 點周圍的轉動慣量

$$I_B = I_G + 2ml^2 = \frac{2}{3}ml^2 + 2ml^2 = \frac{8}{3}ml^2$$

※（b）和（c）是相同的棍棒

圖 4　重的武器之使用方法

轉動慣量大

轉動慣量小

⬆重的鐵鎚以重心附近為中心──「短的」揮動，能夠感覺突然變「輕」。

圖 5　雙手的間隔或走路步伐的寬度要最大值

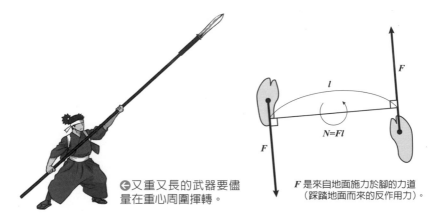

⬅又重又長的武器要儘量在重心周圍揮轉。

$N=Fl$

F 是來自地面施力於腳的力道（踩踏地面而來的反作用力）。

●刀、槍

槍比武士刀有利嗎？

就結論來說，槍絕對比武士刀有利。根據統計，以前在戰場上受傷的原因，源自射程遠的武器箭約 4 成、鐵砲約 2 成、槍約 2 成，刀只有不到 0.45 成（4.5%），因為當時刀只是輔助的武器。武士刀廣泛受到重視是在和平的江戶時代，那時武士刀是武士得到許可，能日常攜帶的唯一武器，同時也象徵武士的精神及尊崇的地位。

最短的槍長度也約有 3 公尺左右，而最常使用的是 4.5 到 6.5 公尺左右的長度。用長槍突刺從天花板垂吊的一枚 5 日圓硬幣，據說即使是老師，二次中也只能刺中一次。還有我母親童年時，有鄰人能使用槍快速刺中停在柱子上的蒼蠅，而且柱子絲毫沒有受到損壞。像這般熟練的人，當然會攻擊護具的空隙或弱點了。

●對手不易看見槍的操作

槍在身體右邊的準備姿勢。雖然左側的心臟位置距離敵人比較近，但槍在左側的話，會和位於左腰的刀互相干擾而不易操作。在 Q44（第 132 頁）所述，雙手的間隔或走路步伐的寬度要儘量取最大值，並維持前方的手在前，當後方的手往前送時，槍在前手掌心中間往前滑動突刺對手（圖 1）。從對手方向來看，槍似點般小，而且後方的手在前方的手後面，並無法看出突刺的動作。

長約 2 間 [1]（約 3.6 公尺）的槍，左手握住易滑動的「管」能快速地前推或後拉槍 [2]，稱為「貫流」。從貫流派的老師口中聽聞了以下的事情：

「學習現代劍道的人，常因與其他流派交流而來到這裡，因槍橫向的移動較少，是很好的攻擊目標物。當對手劈落突刺的槍，想要更進一步攻擊時，槍立刻拔退拉回再突刺的速度之快而無法與槍對抗，所以能輕易地定出勝負」。

---

[1] 長度單位，一間 = 6 尺，1 尺 = 30 公分。
[2] 將已突刺的槍往後拉的動作。是日文形容「訓練後量」等委婉表達的語源。

圖 1　槍的動作不易被發覺

←前方的手不動，用從對手的角度不
易看見的後方手持槍突刺。

圖 2　各式各樣槍頭和石突

石突的種類

■一般短槍的石突是尖銳形狀；長柄
的槍，則是圓形狀。

①寶珠型　②牛角型　③蟹鋏型

④立鼓型　⑤角型

鎌刃的種類

30公分
（槍身的長度）

13公分
（鎌刃的
長度）

① ② ③

①向上片鎌　②向下片鎌
③直片鎌
（加藤清正的片鎌槍）

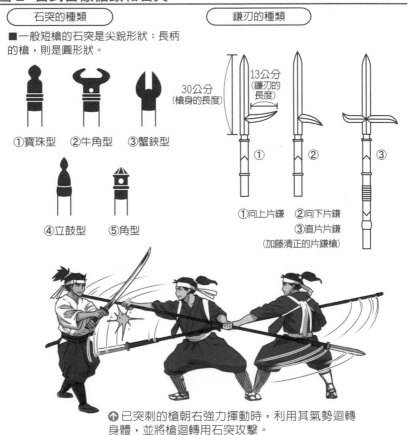

↑已突刺的槍朝右強力揮動時，利用其氣勢迴轉
身體，並將槍迴轉用石突攻擊。

實際上，幾乎大部分使用的槍，除了槍的尖端以外，另外有似鍵（鉤）狀的金屬組成的鍵槍，或是從槍的尖端一部分伸出像小樹枝般的鎌槍，其中特別是鎌槍，即使對手躲開了突刺而拉回時，可用鎌刃處劈砍、橫向用鎌突刺。另外，槍的最末端（與刃相反的一端）有石突加以包覆（圖2）。

古流劍術家的刀槍對決情況會是如何呢？例如，槍要直接突刺，還是面向對手從右方水平橫劈攻擊時，即將強勢攻擊的刀朝右邊強力劈砍，如 Q44（第132頁）所述，雖然槍的轉動慣量很大，但要讓槍急速迴轉很難，可利用被刀劈砍的氣勢，將後方的腳往前送（若與對手相互太接近的話，前方的左腳往後退），同時將身體往左迴轉，用石突攻擊對手。

還有，即使刀想揮落相接的槍，雙手間隔較大的槍的力矩 N_y，一定比刀的力矩 N_k 大，所以幾乎都是刀被揮落或被壓制而受到槍突刺攻擊（圖3），或是突刺而來槍的鎌刃處被刀牽制而抵擋回原來的攻擊位置，但因槍的力矩一定比刀大，刀因而被劈落。

●刀要勝過槍的條件為何？

刀也是有機會獲勝。對手不是虛擊，而是全力用槍突刺時，雙手間隔變窄（圖4）。此攻擊瞬間不要閃躲，用刀的鍔根部壓制槍的前端。如同 Q18（第58頁）的計算結果，對槍而言，等同用很長的刀的前端攻擊對手，這讓刀的力矩占優勢，只要保持該狀態輕壓制住槍，同時利用空檔攻擊的話，應該能夠獲勝。

或是，數人持槍橫排並列，這是密集並列朝前攻擊的「槍陣」，不論任何劍俠豪客，一定會深陷於苦戰之中。相反地，如果是用槍高手的話，能戰勝數人持刀橫排並列的刀陣。

圖3 與槍相比，刀非常不利（俯瞰示意圖）

註：為了方便說明雙手的力道，是假設雙手以相同的力道大小，一手朝左、一手朝右施力。

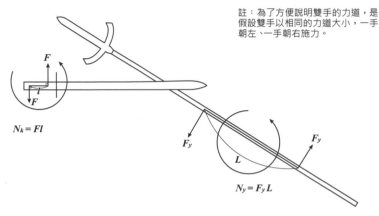

$$N_k = Fl$$

$$N_y = F_y L$$

⬆雙手間隔較大的槍的力矩 N_y，一定比刀的力矩 N_k 大，刀會立刻被劈落。

圖4 用刀對抗槍的話？

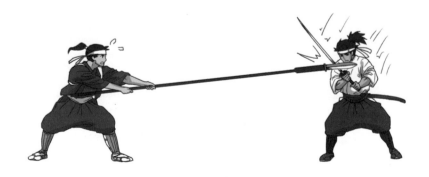

⬆全力用槍突刺時，雙手間隔變窄小。此時，用刀的鍔根部壓制槍的前端，刀的力矩會占優勢而不會輸給槍的力矩，故能壓制槍。

◉弓箭

弓能發射疾速的箭，其原理為何？

利用擲射射中目標，其動能可刺擊目標，這一點不論是箭、標槍或飛鏢都是相同的。而力學上的不同點則在於標槍之類的運動，是用一個動作給予槍動能，並同時瞄準目標。為了讓槍加速，全身（特別是手臂）會在高速下移動，但是由肌肉所出的大部分能量會作為移動身體的動能被消耗，只有很少的部分傳遞至槍。

另一方面，肌肉拉弓所出的能量，以弓彎曲的彈性能量（Elastic Energy）而蓄積起來，因拉弓時動作緩慢，能量沒有被耗費。當彈性能量的蓄積完成時，利用彈性能量使箭加速射向目標物，於是速度或是射程距離、命中率等都相當高。

在此利用最簡單的彈簧來說明彈性能量。

如圖 1a，彈性能量 E（圖中斜線面積的部分）與彈簧所拉長的距離 x 的平方成正比被儲存。將已拉長的彈簧前端裝上一顆重量（嚴格來說，是質量）m 的球，用速度為零的情況放開球，彈簧拉著球並回到彈簧原本自然的長度時，假設速度為 v。

如圖 1b 的公式，彈性能量已經全部轉換成球的動能，結果造成速度與彈簧拉長的距離 x 成正比。

因此，越強的彈簧（k 很大的彈簧）、越輕的球（m 很小的球），速度 v 就更大。而且彈簧實際上有質量，其中一部分的彈性能量作為彈簧本身強勢收縮的動能被耗用，能轉換成球的動能部分因而減少。因此彈簧越輕效率越好。

弓（彈簧）和箭（球）也是相同的原理，如果箭的質量一定，當把輕又強的弓拉得越開時，箭的速度就會越快。

圖1 箭賦予的彈性能量

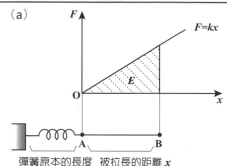

（a）

面積 E 為儲存的彈性能量。

$$E = \frac{1}{2}kx^2$$

拉力　$F = kx$

彈簧原本的長度　被拉長的距離 x

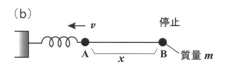

（b）

在拉長的彈簧前端到 B 為止，裝上一顆質量 m 的球，輕放開球時，彈回 A 點的速度為 v。

球的動能— $\frac{1}{2}mv^2$ = 彈性能量 — $E = \frac{1}{2}kx^2$

$$v = \sqrt{\frac{2E}{m}} = \sqrt{\frac{k}{m}}\,x$$

圖2 有彎弧的弓的優點

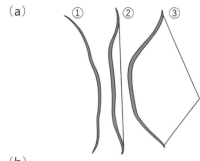

（a）

①未上弦的弓 —— 上弦以前弓背是位在反向的位置
②上弦的狀態
③拉滿弦的狀態

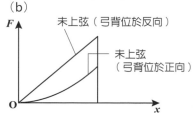

（b）

未上弦（弓背位於反向）

未上弦
（弓背位於正向）

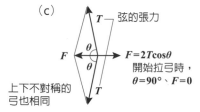

（c）

弦的張力

$F = 2T\cos\theta$
開始拉弓時，
$\theta = 90°$、$F = 0$

上下不對稱的弓也相同

●和弓射箭的結構為何？

　　和弓的構造不只是竹子或圓棒，而是由多層的材料堆疊組合而成。如圖 2a，要替未上弦的弓上弦，即使不拉弓（$x=0$）也會產生相當大的張力 T。

　　架箭拉弓的距離和拉力的關係，雖然因弓的材質和構造有很多不同的變化，但大致上來說，是如圖 2b 中的直線。為何未上弦的弓拉力 F 在剛開始拉弓時（$x=0$）很小的理由，請看圖 2c。

　　未上弦的弓（弓背在反向），相當於圖 2b 直線下方大小的彈性能量被儲存。接下來，弓箭射出時，透過弦施加於箭的力 F'，理論上幾乎是變成圖 3 的情況。（詳細的內容，會因弓的構造或箭的重量而有所不同）。

　　力 F' 比 F 小的原因是材質的不同，有時會造成弓回彈的力道比拉弓力道略為變弱的關係。即使材質非常理想，隨著弓回彈的氣勢，弓的各部分也加速的關係，而使用了部分的力，所以施加於箭上的力就會減少。從能量上來看，弓大部分的彈性能量被弓本身的動能消耗，因而箭能使用的能量減少。

　　在最後射程（$x=0$）的附近，雖然施力於箭上的力比拉弓時大，這是因弓在回彈的氣勢下弦被強力拉引的結果，最後弓本身所保有的能量引起了弓的晃動並且造成了偏離目標的緣故 [1]。

　　和弓因箭和弓的位置關係，箭會偏右射出，為防止箭會往右側射偏，而將弓往左扭轉（圖 4），所以當射箭結束時，弓弦的方向會朝前，此扭轉的部分動能應該被已蓄積的彈性能量挪用了。

※1 手握和弓的中間偏下的部位，一般認為是振動較少的位置。

圖 3　拉弓到箭射出為止的能量變化

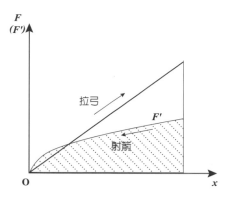

←施力於箭的力 **F'** 比拉弓時的力 **F** 小。**F'** 下方大部分的能量傳遞至箭。

圖 4　為了能讓箭不偏移的「弓返」 ※2

↓從弓的右側架箭

↑扭轉弓的話，箭朝右飛。

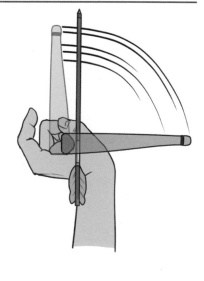

↑讓弓約 180 度往左迴轉的話，箭會朝前直飛射出。

※2 意指在拉弓放箭的瞬間握弓的手同時讓弓 180 度旋轉，而弦會回彈至手肘的外側。

●弓箭

箭實際的威力有多大？

　　一般弓的強度在拉滿弓時約 90 公分，一般男性約需用 14~18kgw 的力才能做到，而身強力壯的武士能以 50kgw（=50x9.8N=490N。N 是牛頓，力的國際單位，1 牛頓約 =0.102kgw）拉開遠超過 90 公分以上的弓；弓拉得越開所需的力就越大。拉弓時所被蓄積的彈性能量，依下列方法計算：

$$\frac{1}{2} \times 0.9m \times 490N = 221J \ （焦耳）$$

　　如前所述，箭只傳遞一部分的彈性能量，在此假設約 $\frac{2}{3}$，所以約傳遞 150 焦耳，這相當於重量級的拳擊手出拳攻擊時的動能，或等同於時速約 164 公里棒球的動能。

　　實戰用的箭重約 60g，用第 141 頁的公式（$v = \sqrt{\frac{2E}{m}}$）計算下，箭的速度每秒可達 86.7 公尺（時速 309 公里）。如果在沒有空氣阻力的真空狀態下，以 45 度仰角計算結果可飛行 510 公尺，但實際上只能飛出 300 到 400 公尺左右的距離。

　　如右頁照片，箭的尖端稱為鏃，與槍同樣具有貫穿力。保有此動能的箭若用 40kgw 的力刺擊物體，該物體會被刺穿約 38 公分；用 400kgw 的力刺擊非常堅硬的物體，則會被刺穿 3.8 公分。順便一提，重量級的拳擊手出拳的最前端等同於銳利的鐵製鏃的攻擊力道。實際上，飛行中為抵抗空氣阻力，動能會有些許減少，以及在射中目標的衝擊下，箭因振動而散發能量等，這些情況都會造成貫穿力少於計算數值，箭雖然比槍輕很多，但相對的威力卻也很大。

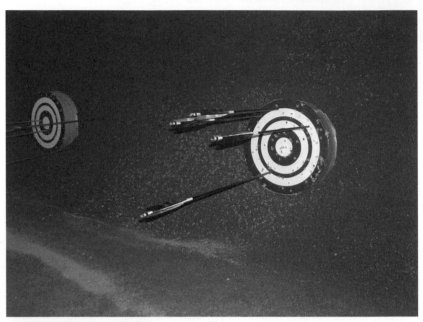

⤴ 箭的威力也能深入穿透箭靶後的安土 ※ 。

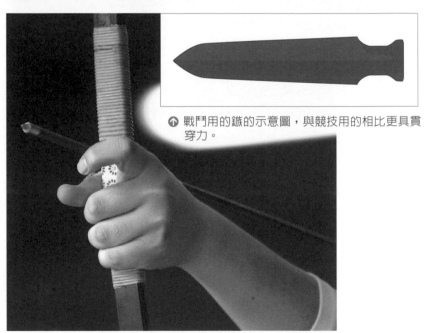

⤴ 戰鬥用的鏃的示意圖，與競技用的相比更具貫穿力。

⤴ 裝置在箭尖端的鏃（競技用）可提高貫穿力。

※ 弓箭場上為架設標把，將土或細砂石做成似堤般固定凸起的土丘。

依照理論就能使弓箭射中目標嗎？

弓箭的原理在 Q46 和 Q47（第 140、144 頁）中已說明。仔細想想，發現了意想不到的現象，即發射時產生箭的振動與行進方向和箭的方向產生偏離。和弓用大拇指扣拉弦，其他手指從上方壓住拇指；洋弓則是用食指、中指、無名指，自開始拉弦後此三指離開。此時，因弦在放鬆力氣的手指指腹似滑行般移動，弦的移動位置，如果是用和弓的話則瞬間往右、洋弓則往左方向移動。簡言之，在箭的末端（箭羽）施加了橫向的力道。

於是，因無法壓制箭使其朝正前方飛行，箭產生振動，如波浪狀上下搖晃飛出（圖 1）。還有，彎曲的箭有助於承受來自弓的力量，產生箭的行進方向偏離。

有研究學者認為，雖然振動逐漸減弱，當非常接近目標時，若正好是箭達到最大限度的偏離瞬間，箭因偏離的威力減少會產生最佳的射程距離。為了抑制振動，放箭（鬆弦）的技巧（圖 2）或是使用和弓時的弓返技術都十分重要。

其他如弓的強度和箭的重量，可決定箭的加速時間（拉弓回彈的時間），或是箭的硬度（越硬的話，振動周期越短）等的調整來決定振動周期，也是必須的。

若一直保持箭的飛行方向（重心的行進方向）與箭的方向偏離的話，因空氣阻力很大無法增加射程距離。箭的尾端會裝置有 3 到 4 片的羽片，此與飛機的尾翼原理相同，是能讓箭往前進的作用（圖 3）。

此原理也應用於貫穿堅硬戰車的裝甲所製的軍事用尾翼穩定脫殼穿甲彈※砲彈上，為了能高速發射，在構造上沒有使用安定方向的旋動裝置，而是用羽片的裝置。

※ 尾翼穩定脫殼穿甲彈（APFSDS），戰車的主要彈種之一，為減少砲彈威力射出後因阻力和重力而受損，便將彈體包覆在一個輕質彈托把中間，會因阻力影響而脫落，而彈體能繼續飛行（脫

圖 1　箭似波浪狀搖晃飛出

圖 2　　鬆弦的一瞬間，弦將箭的尾端往右壓

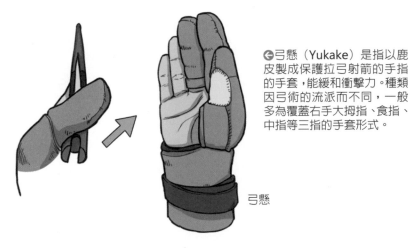

←弓懸（Yukake）是指以鹿皮製成保護拉弓射箭的手指的手套，能緩和衝擊力。種類因弓術的流派而不同，一般多為覆蓋右手大拇指、食指、中指等三指的手套形式。

弓懸

圖 3　　箭羽片的作用

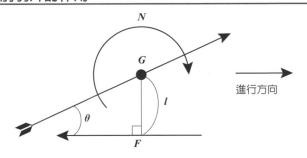

N

G

進行方向

l

θ

F

G：重心
F：作用於羽片上空氣的阻力（嚴格來說，不一定與進行方向相反）
$N = Fl$：將箭的方向返回到行進方向的力矩（偏離的角度 θ 越大，F 和 l 也變得越大）

殼）；另外，為確保細長的彈體在飛行過程中的平穩和精準度，其尾端則以十字方式安裝四片尾翼（尾翼穩定）。

● 其他武器

鎖鐮的威力如何？

鎖鐮因是敗給宮本武藏的宍戶梅軒所使用的武器而出名。鐮的刃處有長約 50 公分的柄，柄的一端繫有鎖鏈和重錘；鎖鏈的長度，短從 60 公分到長超過 3.5 公尺都有（圖 1）。

鎖鐮的特徵如下：

> ①重錘的速度和威力很大。
> ②鎖鏈能纏繞對手的武器、手腳或頸部。

就①而言，一般旋轉物體時，物體前端的旋轉速度最快。旋轉裏拳或迴旋踢的腳前端速度比直拳或前踢時快。手臂或腳就好比輕又長的鎖鏈，拳頭或腳掌部位好比重錘，錘的速度非常快。

用錘攻擊頭、膝、手肘等堅硬的部分，衝擊力的最大值會大增，破壞性非常強，很容易造成對手骨折。當用刀抵擋錘的鎖鏈時（如②所述），會被纏住。

為了能看到原始的樣貌，假設鎖鏈比錘輕很多，錘攻擊刀側面時，刀可能就會被彎曲變形。若改用鎖鏈的部分去承受抵擋攻擊，錘產生以抵擋部位為中心的迴轉運動並可保持速度不減（圖 2），因該旋轉攻擊到刀，與直接攻擊刀相比具有相同的威力，即使沒能攻擊到刀，刀被纏住的話也難以解開。若纏到腳則會因為拉引絆倒而被鐮劈砍，是近身攻擊很有力的武器。

對應的方法是，如果錘以刀前端為攻擊目標且自水平方向而來的話，與其順向並靠近錘的鎖鏈處，刀如滑行般朝上方彈出抽離出來，刀就不會被纏住（圖 3）。除此之外，逃入一個不易揮動錘的地方（如森林），也是方法之一。

圖 1 什麼是鎖鐮

➡鎖鐮中錘的速度和威力
相當驚人，鎖鏈能纏繞對
手的武器、手腳或頸部。

圖 2 鎖鐮之錘的運行

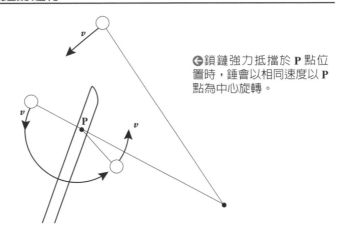

⬅鎖鏈強力抵擋於 P 點位
置時，錘會以相同速度以 P
點為中心旋轉。

圖 3 不會被錘纏住的方法

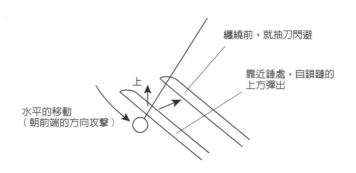

纏繞前，就抽刀閃避

靠近錘處，自鎖鏈的
上方彈出

上

水平的移動
（朝前端的方向攻擊）

雙節棍是什麼樣的武器？

中國的少林拳法或沖繩的古流空手道中，雙節棍是常見的武器，據說其原型是馬轡或農具。兩根（長約 30 公分，粗約 3 公分）木棒（也稱為棍），以長數十公分的繩索或鎖鏈接連在一起。

李小龍在電影揮舞雙節棍的英雄姿態成為契機，導致許多武術愛好者練習雙節棍而廣為流傳。在力學上與其他武器相較，雙節棍是擁有不同性質及趣味的武器，其力學上的特徵為以下兩點：

①高速揮動下極具衝擊力，即使是面對堅硬的物體亦同。
②較不易控制，容易傷到自己。

以①而言，棍在構造上能高速揮舞（詳細內容在圖 2 中說明）。但是，一根棍子的重量（質量）約 0.2 公斤，因為非常輕，瞬間的衝擊力雖然很大，但無法期待像把目標彈飛，或深入體內般「強力的」（衝量 ＝ 棍的動量 ＝ 棍的質量 × 速度）攻擊效果。還有，無法將握棍的手或手臂的氣勢（動量）透過繩或鎖傳遞到攻擊目標[※1]。

而且，攻擊的目標應該是頭部、鎖骨、肘、手等堅硬的部位。在武術表演中，曾看過用稍大的雙節棍將水泥磚塊一劈為二的情況。若此衝擊力作用於頭部，即有可能當場死亡。臉部及側腰部除外，攻擊身體中央柔軟的部位，如圖 1 所示，因衝擊力的強度減少，無法期待會有攻擊效果。

針對②而言，一開始我們來分析說明兩支棍子用繩索連繫在一起的效果。

圖 2 是握住左邊水平方向靜止的棍子（作者為方便說明，本書中稱為元棍）中央 A，以圓弧軌道揮舞時的狀況。繩索與前端的棍子（作者為方便說明，本書中稱之為先棍。重心位置 G_0），幾乎位於一直線

※1 參照 Q28（第 86 頁）。

圖1　堅硬與柔軟的目標，衝擊力不同（力積相同）

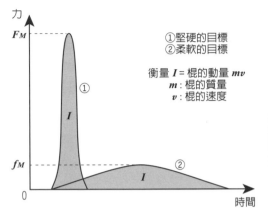

力

F_M

①堅硬的目標
②柔軟的目標

衡量 I = 棍的動量 mv
m：棍的質量
v：棍的速度

①

I

←堅硬的目標，瞬間受
到很大的衝擊力 F_M 作
用，但柔軟易變形的
目標，則 f_M 會變小。

f_M

②

I

0

時間

圖2　雙節棍的運行

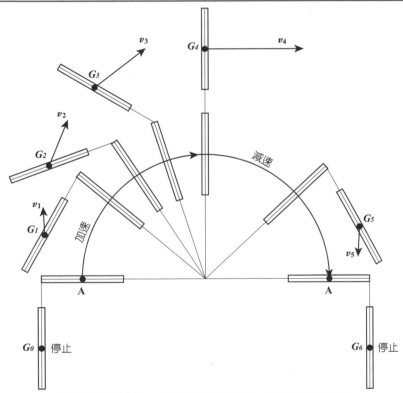

v_3

G_4　　v_4

G_3

v_2

減速

G_2

v_1

加速

G_5

G_1

v_5

A　　　　　　　　　A

G_0　停止　　　　　　　　　　G_6　停止

↑握住元棍的中央 A 以圓形軌道揮舞時，先棍的移動示意圖。

上，一端用繩索拉著先棍直到圖 2 的中央為止為加速期，之後（圖 2 的右半部）為減速期。

元棍約以 45 度迴轉時，先棍的重心仍在 G_1 且移動緩慢，即使用此位置攻擊目標，因速度太小且速度的方向與棍沒有垂直，而呈斜向的攻擊，所以不具威力。

當元棍繼續迴轉時，先棍因離心力與重心 G_2、G_3 同時往迴轉軸的外側並急速追上元棍的迴轉，到 G_4 時與元棍位在一直線上。此時，先棍在非常快的高速下，速度的方向與棍呈垂直狀態，若要攻擊目標，此瞬間最適合。簡單概要說明，比重心 G_4 稍微靠近前端（嚴格來說，確切的位置會依揮法不同而有所差異）去攻擊所產生的衝擊力最大。

接下來，假定以 G_4 的位置攻擊目標，先棍因攻擊力道反彈會打到自己的身體（圖 3）。為防止這個情況發生，攻擊目標後仍要繼續揮動，因離心力作用的先棍會再次往圓形軌道外側移動，就能避免打到自己。

除此之外，因揮動方法錯誤或無法操控先棍時，將元棍依圓形軌道迴轉一次，在所產生的離心力作用下就能恢復操控先棍。

在圖 2 左半部的加速期，手揮動元棍，繩索拉著先棍並提供能量，在右半部的減速期，先棍以繩索拉著元棍，而元棍又被手拉引的過程中，先棍會失去能量而安全地停止。若元棍突然急速停止，如圖 4 的情況，因先棍的能量不減，所以會打到自己 [2]。

[2] 參照 Q49（第 149 頁）的圖 2。

圖 3 攻擊目標後，雙節棍的移動

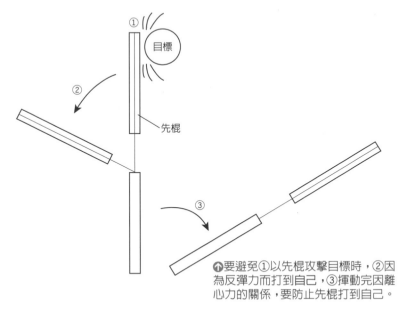

①要避免①以先棍攻擊目標時，②因為反彈力而打到自己，③揮動完因離心力的關係，要防止先棍打到自己。

圖 4 元棍急速停止的話……

元棍突然停止時，先棍以 *C* 為中心迴轉，會打到自己的手臂或身體。即使如此也要強力揮舞的話，記住一定要在同一平面下揮動。若揮到半途，元棍移動方向脫離同一平面的話，將無法操控先棍而受傷。

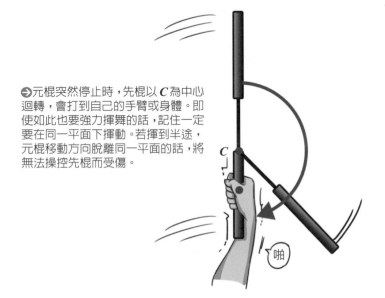

雙節棍除了揮動旋轉外，
還有其他的使用方法嗎？

雙節棍基本上是適合以揮擊旋轉方式攻擊的武器，當然對於赤手或是短小的武器，是非常有利且具優勢的。但是對於長棍等武器的防禦或貼身的近戰時，就無法發揮雙節棍原本的威力。

面對長棍的攻擊，即使揮動先棍反擊抵擋，因腕力難以傳遞至先棍而無法改變攻擊而來的路徑或阻止攻擊氣勢的力道。還有握住雙棍以抵擋長棍攻擊的情況（如圖 1），對於長棍的攻擊力道 F，就算施以相同的力道 f 於雙節棍上來抵擋，但只要約 30 度角，就會輕易被長棍壓制住。

圖 2，不刻意抵擋長棍的攻勢，移動身體在長棍攻勢停止的瞬間加以壓制，同時利用空檔以在繩索中溜滑的方式攻擊為方法之一。面對攻擊而來的長棍時，將雙節棍重疊如一根短棍並用單手握住，雖能將長棍彈擊開來，但以短棍攻擊長棍仍屬不利，或是赤手空拳的對手逼近時，可如圖 3 用棍的前端攻擊。

雙節棍不利於近距離戰鬥。不過，巧妙地纏繞對手的頸部或手腕，就可以用很大的力氣扭絞對手（圖 3 右），僅用繩索纏繞勒住頸部，其張力等同於雙手拉緊繩索的力道。雖然雙節棍的繩索長短不一，雙棍各自分別運用槓桿作用下，比起單純拉引繩索的張力，將可增加好幾倍（如圖 4）。

還有，不論使用什麼方法，雙節棍均可視為威猛的兵器。因輕巧易攜帶而能出其不意攻擊，因此要注意對手口袋裡是否藏有攜帶式雙節棍。

圖 1　雙節棍不利的防禦方法

（a）手持雙節棍的兩根棍棒來抵擋長
　　棍的攻擊。
（b）長棍能輕易改變方向攻擊頭部。
（c）對於長棍的攻擊力道 **F**，即使雙
　　節棍用相當大的力道 **f** 去抵擋，只
　　要角度 **θ** 就會被長棍壓制。

（a）　長度約 180 公分的長棍

（c）

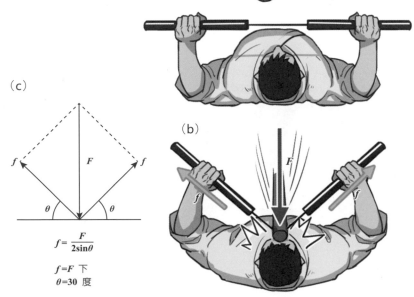

$$f = \frac{F}{2\sin\theta}$$

$f=F$　下
$\theta=30$　度

（b）

圖 2　雙節棍有利的防禦方法

←不刻意用力抵擋長棍的
攻勢，讓長棍在繩索中滑
行，再利用空檔攻擊。

圖3 除了揮動旋轉以外，雙節棍的攻擊方法

↑可用前端攻擊逼近的對手。

↑雙節棍可強力纏繞。

圖4 雙節棍能強力纏繞的原理

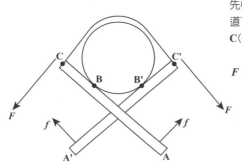

先棍的前端A（A'）處施以 f 的力道下，B（B'）當成支點，用繩索C（C'）強力地纏繞。

$$F = \frac{\overline{AB}}{\overline{BC}} f = 2.5f \quad （此圖的情況）$$

圖5 打到背部的例子

←水平方向從圖右往左揮動，因肘部固定，持棍的手自然急速停止。先棍在此狀態下往後迴轉打到背部。正確的姿勢如Q52的圖1（第159頁）。

圖6 雙節棍的預備姿勢

→可從上下任一方向去攻擊。與使用踢技或持刀打鬥時相同，雙節棍腳部的動作也很重要。因注意力放在揮動雙節棍上，身體的姿勢會僵化※，這是相當危險的。有許多流派直接參照並使用截拳道的預備姿勢及腳法的動作。

※ 僵化：原文「居付く（いつく）」，像是受到驚嚇突然無法做動作一般。

●其他武器

雙節棍有華麗的技法嗎？

電影「龍爭虎鬥」中，李小龍華麗地揮舞雙節棍的場景相信感動了很多人，我就是其中之一。當時我自己還立刻動手製作了雙節棍試著揮舞，結果不是打到頭，就是抵擋的手指等多處受傷。

有些武術家認為「在實戰中，雙節棍不可以任意胡亂揮舞」。在此以武術表演的角度來說明安全揮舞的方法。

基本的揮法有兩種。第一種是捲住腰腹部或手臂等身體部位，停住後再朝相反的方向揮動的「返揮」；另一種則是將捲住身體而停住的先棍用另外一隻手交替操作，接著朝同方向繼續揮舞的「繞揮」（圖1）※。不論哪一種招式都要遵守以下三個基本原則。

①要先充分減速。
②不是用先棍的前端，而用先棍中央接近繩索的地方抵擋。
③先棍靠近繩索部位，似觸碰身體般適當地調整。

就①而言，Q50 圖 2（第 151 頁）中已說明，若急速停止的話，先棍的能量仍保持在運行狀態所以非常危險。若有用手拉動先棍力道的感覺，就能巧妙地減速。如②所說的繩索附近，簡言之，就是因為越接近迴轉中心部位越低速的關係。

曾經有人想抵擋先棍的前端，反而造成指甲裂開受傷。同樣③也是，用先棍的繩索附近低速的部分接觸身體，似捲住身體般的過程中，因繩索（元棍及持元棍的手）拉動先棍而失去能量，所以自己不會受傷（圖2）。

另外，初學者最好使用塑膠等不具危險性的製材製作的雙節棍來練習比較好。

※ 雙節棍表演藝術家，宏樹老師的用語。

圖 1 雙節棍常見的技巧

橫棍擺擋

⬆充分減速後，自靠近先棍的繩索附近似捲住身體般停住，然後「返揮」。

豎棍側擋

⬆用右手由前至後經過肩膀迴轉，然後用左手握住先棍的中央部位，接著自右下斜側「繞揮」。

圖 2 雙節棍氣勢減弱的原理

①先棍的P_1點接觸身體。
②移動接觸點至P_2，同時迴轉。

由①→②，元棍自Q_1到Q_2為止被拉動期間，先棍失去能量而能安全停住。

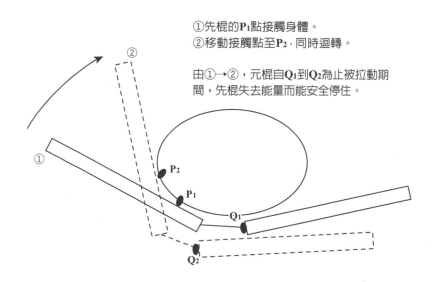

第5章　步法、變換身體位置、欺瞞五感的科學

●步法

聽說「同手同腳走路法」效率較好，是真的嗎？

　　同手同腳走路法，是右腳與右手、左腳與左手分別同時往前的走路方法。過去到歐洲時，就對當地人大動作扭腰和確實擺手的走路姿勢印象十分深刻，當然上半身的扭轉或手的擺動和腳步是相反側的，一般人行走的動作雖然較小，但基本上是相同的行走方法。

　　從前的日本人為了保持衣著整齊而不太扭動身體行走，特別是武士，據說因右手臂往後揮動的瞬間，會距離左腰的刀太遠而擔心產生空檔，所以手幾乎不擺動，以近似同手同腳的走路法行走。

　　還有，短跑選手末續慎吾由同手同腳跑步中得到靈感，因而在比賽中得到佳績，讓同手同腳方法深受世人的關注。雖然如此，但也產生走路或跑步時「不擺動手臂」，或是「同手同腳比較有效率」等過度的誤解。

　　在此項目中，針對「為什麼一般行走時，同側手和腳朝不同方向擺動」，或是「有需要同手同腳的情況嗎」來解析說明。

　　關鍵字是角動量（Angular momentum，迴轉的力道）。如圖 1，質量 m 的物體以一定的速度 v，做半徑 r 的圓周運動時，圓中心 O 周圍的角動量 L，其定義如下：

角動量 L = 質量 $m \times$ 速度 $v \times$ 迴轉半徑 r

　　實際上即使不做迴轉運動，相同質量及速度的物體以位置 $B \to C \to D$ 的順序在一直線上移動時，到達位置 C 的瞬間與圓周運動是一樣的。由此可見，此物體在該直線上的任何位置都與在基準點 O 的周圍保持相同的角動量。

　　圖 2 是人在跑步時的俯瞰圖，因髖關節位於骨盆外側，要讓腳在同一直線上著地會很困難，但若用像跨越欄杆般的姿勢著地的話，就

圖1　何謂角動量（迴轉的力道）？

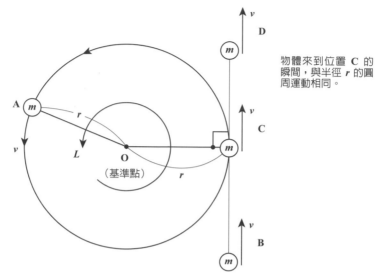

物體來到位置 C 的
瞬間，與半徑 r 的圓
周運動相同。

⬆質量 *m* 的物體以速度 *v* 移動時（如圖所示），基準點 O 周圍的角動量 *L* 與 B、
C、D 的位置無關，而與 *L*=*mvr* 相等，並持續以半徑 *r* 的圓周運動物體（位
置 A）的角動量相同。

圖2　何謂「跑」？

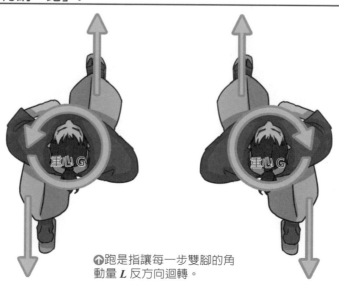

⬆跑是指讓每一步雙腳的角
動量 *L* 反方向迴轉。

可以牢牢地踩踏地面。由身體重心 *G* 來看，左腳部分著地時，左腳前右腳後的方向移動。簡言之，以 *G* 為中心，雙腳都保有往左迴的角動量。腳雖然沒有如圖 1 中 **B**、**C**、**D** 物體移動的點，但若把很多點匯集起來看的話，就可以瞭解保有角動量了。

跑是指每一步雙腳的角動量反向迴轉交換的持續動作。改變角動量需要靠力矩（迴轉力），雖然著地的腳來自地面的反作用力，也保有角動量反方向迴轉的力矩，但並不足夠[※1]，於是同側手與腳朝相反方向擺動，讓腳保有反向迴轉的角動量[※2] 的話，因全身的角動量變小，反方向迴轉的力矩也變小，就足夠了。

短跑時，腳在高速移動下保有很大的角動量而且頻率很快，因需要急速的角動量反向迴轉，為了抵消腳的角動量，雙手需大幅擺動（圖3a）。與男性相比，手臂的質量相對嬌小的女子選手，將迴轉半徑變大，而手的角動量也跟著變大（圖 3b）。

走路時，腳的角動量變小，可以慢慢反向迴轉，過度大動作擺動手臂，先不論以減肥為目的來消耗能量的情況，會過度使用的能量；當雙手提東西時，手的質量會變大好幾倍，僅小幅度地擺動手臂，就能產生需要的角動量。

爬樓梯或行走山路會比平地移動時速度慢，因為腳比起前後更需要上下移動的關係，所以沒有如圖 2 的角動量，而且手也無需擺動，一旦舉起手臂擺動卻毫無作用地落下，同手同腳走路法反而比較有效率。

※1 參照 Q31（第 94 頁）。
※2 手臂的質量雖比腳小，但從重心看來，因迴轉半徑很大，故保有相當的角動量。

圖3 跑的姿勢

（a）

←為抵消腳的角動量，手要與腳反方向大幅擺動。

（b）

→肩膀較窄、嬌小的（質量 m 小）女子選手，手在外側擺動（半徑 r 大），手的角動量會變大（著地點不能在一直線上，此點要注意）。

圖4 圖3 a 的俯瞰示意圖

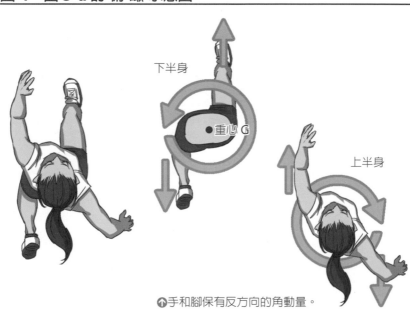

下半身

重心 G

上半身

↑手和腳保有反方向的角動量。

●步法

武術幾乎都用全腳掌著地的步法，有什麼優點嗎？

現代劍道，後腳腳跟要微微踮起；而古流劍術，一般則不踮腳跟。宮本武藏在《五輪書》中有寫到「應該要強力穩蹬腳跟」。一般人在運動型的打擊系格鬥術中，通常會踮腳跟。而在相撲比賽中，力士腳指彎曲似能抓住土俵的砂般接觸地面，讓腳跟確實踏地以傳遞力道。腳尖踮起的相撲力士會身體重心不穩，即使能以推倒對手而獲勝，但也容易遭到反向的摔擲。

要求安定性的組技系[1]，例如合氣道、柔道、中國武術等，都是腳跟著地的步法。

●腳跟踮起的優缺點

腳跟踮起的優點，是可運用連結小腿腓腸肌和比目魚肌的腳踝彈簧。簡言之，即是利用阿基里斯腱的彈性（圖1），同時也能緩和腳著地時的振動。來自肯亞或衣索比亞的馬拉松選手，之所以能不斷地刷新世界紀錄，是因為腳指尖柔軟地著地，能減輕大腿肌肉的負擔，以及著地時伸展阿基里斯腱，將緊縮蓄積的彈性能量再利用等原因造成。拳擊手有節奏地移動腳步，也是彈性的利用。

健壯的人會最大限度地利用腳踝的彈性。某些原因下失去單肢或雙腿參加國際傷殘運動會的田徑選手（圖2），因為沒有小腿的腓腸肌而穿戴碳纖維製的義肢，利用撓曲彈性能量締造了不輸一般人的紀錄，甚至還有選手能參加奧林匹克運動會。

但是，義肢彈簧的彈力為了吸收蹬力，很難朝地面急速而大力的蹬，非常不容易做開始起跑後的衝刺[2]。從他們的跑步姿勢中就可以想像利用腳踝彈性的優缺點。

※1 組技系，認可摔擲及擒拿等行為，但不認可毆打和踢技行為的競技。
※2 沒有小腿的肌肉力量，也是原因之一。

圖 1　人體膝蓋以下的構造

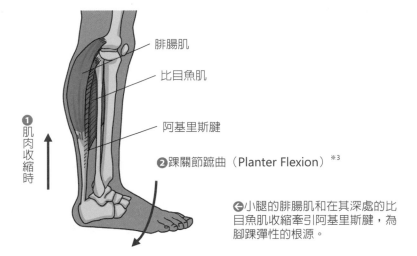

腓腸肌

比目魚肌

阿基里斯腱

❷踝關節蹠曲（Planter Flexion）※³

❶肌肉收縮時

⬅小腿的腓腸肌和在其深處的比目魚肌收縮牽引阿基里斯腱，為腳踝彈性的根源。

圖 2　用義肢參加賽跑的田徑選手

⬆利用義肢的彈性取代小腿的腓腸肌來賽跑。因彈簧會產生緩衝作用，就不利於在開始起跑後的衝刺。

照片/AFP（法新社）＝日本時事通信社

※3 意旨踝關節彎曲，腳尖伸直壓地狀態。

●腳跟著地的優點

步法的優缺點，會因打鬥場合環境而有所不同。踮起腳跟使用腳尖時，因與地面的接觸面積變小，地面接觸點被施以很大的力道。在堅硬的地面上沒什麼問題，若是在堆積了泥土或樹葉等柔軟的森林地上，腳尖會打滑或陷入泥地而無法發揮腳踝的彈力。

在沙漠中，比起具有跳躍力細蹄的鹿，腳掌寬的駱駝應該能跑得更快。沖繩的古流空手道，即使在環境自然的沙灘上打鬥，也是採用腳掌緊貼地面的步法。

腳跟著地的話，雖然不能使用腳踝的彈力，但能快速而強力踩踏地面為其優點。接下來，舉兩個例子來說明。

如圖 3，雙手交疊壓住對方胸膛，後腳跟踮起暫時提高重心。接下來，後腳拔重，重心下降 ※4。用後方的腳跟承擋此力道，同時前腳完全放鬆（感覺上是「放鬆膝蓋」，讓骨盆容易往前移動的情況），將身體往前急加速，用雙手傳遞其氣勢將 B 彈開。

腳跟不著地想依賴腳踝彈性的話，會因彈性起緩衝作用，導致力道柔而緩慢地上升，大幅削減威力。還有，雙手會僅似棍棒般的觸壓，只是傳遞力氣而已，仍然「想用手施以壓制力道」時，手肘會彎曲而產生緩衝作用。

圖 4 中，A 前後張開雙腳，腳跟著地，而 B 無法移動般緊拉著 A 向後方的木刀。一般在此情況下，A 幾乎不能往前進。但是當 A 前腳瞬間拔重，同時用後腳跟踩踏地面的話，就能將 B 拖拉滑行向進。此時若踮起腳跟，導致力道柔軟緩慢上升，會被 B 察覺並採取應對而失敗。

※4 實際上，前腳自然也會有某種程度上的拔重。有關拔重，參照 Q56 和 Q57（第 172、174 頁）。

圖 3　腳跟的力①

（a）

A　　　B

（b）

⬆A 踮起後腳腳跟，暫時提高重心。

⬆以拔重產生向下垂落的力道，並以後腳跟承擋此力道，同時將身體及「放鬆膝蓋」的前腳急速往前加速，用雙手傳遞其加速氣勢將 B 彈飛。

圖 4　腳跟的力②

➡A（右）的後腳跟踩穩地面，當前腳拔重時，在力學上呈現瞬間的「前傾姿勢」就能將 B 拖拉滑行。雖然依身體姿勢的不同而異，但拉引木刀的力道會和 A 的體重約略相同，而且因朝斜上方拉引的關係，B 無法保持身體的姿勢。

A

B

● 步法

太極拳也使用腳掌著地步法，
其威力為何？

先不論安定性的問題，大多數人都會認為，使用腳踝彈性最大限度的拳擊的移動步法最快，事實上不然。

我是對自己的敏捷性有高度自信的人。與太極拳無形塾的池田秀辛在寬廣的停車場玩捉迷藏遊戲時，池田腳掌著地，用較大的步寬行走，感覺近在眼前，但在以為抓到的瞬間就溜走，我連池田的手一次都沒觸碰到。

實際上，池田利用拔重的瞬間加速，遠勝過打擊系格鬥家快速輕盈步伐下的身體操作。

池田的步法不僅是快速而已，同時也兼備了前述的威力。

圖1a 體格健壯的弟子以走路的步寬往前踏，用右拳朝臉部攻擊而來，幾乎是貼身的攻擊狀態。此情況下，老師已經開始踏出右前腳，像這樣的前腳移動的方式在力學上與 Q54 的圖4（第169頁）為相同的拔重動作。

更進一步，如圖1b 老師身體下沉，利用位置能量和後「腳跟力道」所產生的前進力，同時踏出前腳並以身體加速撞擊，於是就產生了身體重心的動量，利用肩膀將全身撞擊的力道傳遞至弟子的腹側（靠）[1]。老師後腳跟和弟子接觸的肩的位置，與包括重心及其行進的方向均位在同一水平面時，能確實傳遞動量並增加威力。

圖1c 老師為了安全地發勁[2]，手適當出力下，卻也能將氣勢威猛、大步前踏之長期修練空手道的弟子彈飛。

---

[1] 中國武術中所謂「靠」的技法，以肩或背部使出全身的力道猛烈撞擊對手，是與對手極近距離競技時有效的拳法之一。

圖 1　腳掌著地步法的威力

（a）

◆弟子（右）腳往前踏使出右拳攻擊，老師運用拔重動作接近。

（b）

◆利用身體下沉產生的位置能量，用後腳的「腳跟力道」往前急加速，肩膀朝弟子腹側方向撞擊。

（c）

◆身材魁梧的弟子往後彈飛。至此階段，老師完全沒有使用腳踝的彈性。

※2 發勁，中國武術中產生力的技術方法，讓發生的勁（動量）作用於對象物上。一般武術書中常指用體重的移動產生彈飛的力道。

● 變換身體位置

利用重力快速移動的方法為何？

利用重力移動，雖然也有稱為「放鬆膝蓋」或「放鬆的動作」。在本書中則稱為「拔重」，意指支撐身體重量的全腳（股關節、膝關節、腳關節＝腳踝）瞬間放鬆力氣。首先，我們來看顯示拔重效果的實驗結果。

挑選男、女大學生共 15 名，配合燈的明滅盡可能快速橫向移動 60 公分，並測量代表點（為身體的中心＝兩肩和雙腰，合計共四個測點的中心）移動時所花費的時間。（已扣除反應燈亮滅為止的時間）

對於逼近的危險（如機車或壯漢等的身體碰撞），快速朝橫向移動是保護身體的基本方法 ※。

指導（說明）前，學生們以自己的方法動作，之後再採用指導的方式行動。口頭說明的方式，讓學生觀看有拔重經驗者和沒有拔重經驗者的動作影片，並加以練習。

其結果如圖 1 所示，平均移動所花費的時間，由指導前的 0.64 秒縮短為指導後的 0.56 秒，全體人員的速度都變快了。還有如圖 2，x 代表身體下沉（垂直的方向）的平均距離，從指導前的 9 公分增加到指導後的 17 公分。

簡單來看，只有身體下沉部分的速度變快，換言之，即是重力的位置能量變成身體移動的動能。

但是，不確實的拔重動作反而會讓身體下沉速度變慢，或是過度屈膝花費太多時間下沉身體，都會讓全體人員的速度變慢。拔重的條件雖然是需完全放鬆力氣，但若在適當的時間完成則比較容易能快速移動。一般而言，隨著應該移動的距離變化必須調整拔重的時間。

※ 即使只有身體的扭轉也有某種程度的移動。實際上，有許多情況可以更短距的橫向移動。

圖 1　60 公分橫向移動所花費的時間（秒）

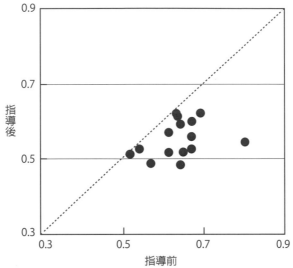

⬆指導後，全體人員速度變快（圖 1、2 是我從石鍋等學者 2011 年的研究報告中加以改編）。

圖 1　身體下沉的距離（*m*）和橫向移動的時間（秒）

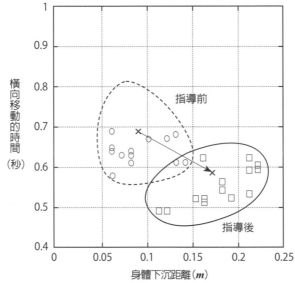

⬆x 代表身體下沉的平均距離，在指導後由 9 公分增加到 17 公分；橫向移動的平均時間，則由 0.64 秒縮短至 0.56 秒。

●變換身體位置

拔重的重力和腳掌著地的力，
二者的關係為何？

首先，請看圖1「物體從靜止狀態開使用等加速度移動時」（**A**）和「初期的加速度增為 2 倍時」（**B**）的比較。橫軸表示開始移動後的時間，縱軸表示各瞬間的速度 ※。圖下方的面積（斜線和灰色部分）表示移動距離。

A 的情況是前半段（*t* 為 0~1）移動距離為 5，後半段（*t* 為 1~2）為 15，合計 20。*t*=1 時的速度僅只有最終速度 20 的一半為 10，而前半段的移動距離只占全部的 1/4，也就是等加速度運動下，前半段的移動距離較小。

而 **B** 在前半段的加速度增為 **A** 的 2 倍，後半段為等速度的情況。這樣的話，前半段（*t* 為 0~1）的移動距離增加為 10；在 *t*=1.5 時達到 20。相較 **A**，在達到 20 僅花費其 3/4 的時間。初期的加速度越大時，要達到一定的移動距離所花費的時間會變短。

接下來，說明利用重力的情況。如圖 2，靜止於 **P** 點的物體在沒有摩擦力的斜面滑降落於 **Q** 點。位置能量轉換成動能的關係，到 **Q** 點為止的降落速度不因斜面的形狀而有所差異。滑落所花費時間最短的是 **A**、**B**、**C** 哪一個斜面呢？

A 距離最長，一開始傾斜相當緩和不利於加速，所以不列入考慮。接下來距離最短的 **B** 可能性最高，但因傾斜面的角度固定不變，形成等加速度運動。

另一方面，**C** 最初的傾斜為 90 度，如圖 1 中所顯示之結果，初期的加速度越大則效果越大，也能彌補因距離稍微拉長的時間損失，故能在最短的時間達到 **Q** 點。

還有，如果是往下過度彎曲的軌道，因距離太長所花費的時間將變得更多。因此可以得知，**C** 為理想的「擺線（Cycloid）」曲線形狀。

　　※ 為方便計算簡化移動距離所求出的時間和速度值。

圖 1　從靜止狀態開始用等加速度移動時（A）和初期的加速度增為 2 倍時（B） 的比較

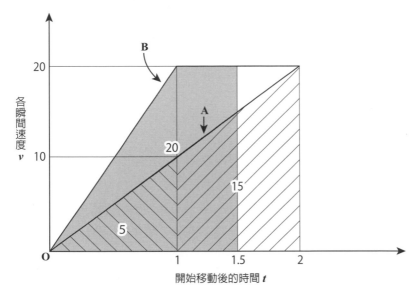

↑在一定的移動距離下，初期的加速度越大，所花費的時間越短。最終（t=2）的速度，A、B 移動距離均為 20。

圖 2　物體在沒有摩擦力的斜面由 P 點滑落到 Q 點為止

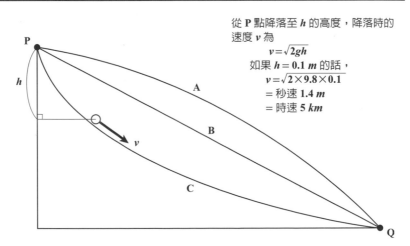

從 P 點降落至 h 的高度，降落時的速度 v 為

$$v=\sqrt{2gh}$$

如果 h = 0.1 m 的話，

$$v=\sqrt{2\times9.8\times0.1}$$

= 秒速 1.4 m

= 時速 5 km

↑C 為理想的「擺線（Cycloid）」曲線。

●替換成實際的身體移動時……

在此將「物體→身體的重心」、「斜面→支撐重心的腳」來替換，並看看情況為何？結論是身體想水平移動時，重心如同較低的 C 曲線般降低的話，能花費最少的時間移動。但是，腳並不只有位置能量，還包括重心加速移動時用肌肉所出的能量，所以實際的軌道會往擺線曲線的橫向更加延長。雖然如此，但一開始時重心是垂直落下，這點並沒有改變。

以上理論的具體例子，是如圖 3 柳生新陰流派與敵人對峙時，在適當的時機下退後的步法。自預備姿勢（圖 3a）開始，似失去支撐的棍棒倒下般，後腳拔重（圖 3b），此時若前腳仍維持原狀的前跨步，單只是為了用前腳著地點附近將身體往後迴轉，重心的軌道就會變成如圖 2 的 A，結果當然是失敗。

此時只要前腳也瞬間拔重，重心直接下沉垂落，之後馬上以前腳跟的力道承擋下沉的氣勢，身體就能變換成水平方向的移動位置。若想用腳尖去踢對手，則無法使出必要的力道。

更進一步，似坐椅子般摔跌臀部的感覺來降低重心，同時將前腳往後送（圖 3c），只要倒退至必要的距離，就可回復到原來一開始的預備姿勢（圖 3d）。

例如當開門的剎那間，突然被埋伏的敵人拿刀刺擊而來不及使用居合術的情況下也適用此步法。同樣地，如果在往後倒退的途中同時拔刀，如圖 3d 的身體姿勢，就能削弱被埋伏突襲的攻勢。

一開始拔重時（圖 3b）僅重心下沉，身體並沒有往後方移動，而且因為是完全不用力氣的拔重，對手不易察覺。特別是穿著袴（如右圖中劍道、合氣道之下半身著裝）時，因對手看不見腳的動作，更不容易察覺。

圖 3　快速退後的柳生新陰流派的步法

（a）

➡預備姿勢。

（b）

◀兩腳瞬間拔重，用前腳跟的力道承擋下沉的氣勢，變換成水平方向的移動位置。

（c）

◀更進一步，似坐椅子般摔跌臀部地重心往後退，同時前腳後送。

（d）

◀刀持續保持在前方，只需倒退至必要的距離。

● 變換身體位置、欺瞞五感

何謂武術中「最快最短的移動」?

武術的動作是非日常生活中的動作,而且幾乎快到來不及反應,其速度之快有以下兩個要素:

①對手「看不見」的移動。
②相較力學的合理性,實際的速度更快。

針對①,在 Q62(第 188 頁)會說明非日常生活中的動作速度。換言之,是指一般的日常生活中不曾見過的武術移動,這是腦部沒有處理過的經驗。武術動作的影像即使在視網膜上顯現出來,因為腦的經驗不足而無法處理,故不能構成三次元的影像 =「看見」。因「看不見的」動作而反應遲緩,所以會覺得速度很快。

不斷練習武術般的動作讓腦部累積經驗,視網膜能構成老師或前輩們的正確動作,將會逐漸清楚地「能看見」武術的移動。

圖為②的例子。左邊的人自上段劈砍,右邊的人從下段的預備姿勢突刺對手喉嚨(圖 b)。相同的動作要在日常生活的動作中表現出來的話,試著實際依以下順序分四個階段來操作看看。

①**面向對手,右腳跨大步。**
②**降低姿勢,刀鋒朝上。**
③**利用身體下沉氣勢,將刀往下壓。**
④**刀往上突刺。**

先不論③,武術非日常生活中的動作,是在於以上的動作同時進行,上半身向前傾並彎曲左腳,重心繼續下沉 ※ 跨右腳時,同時保持右肩在前、左肩在後的相對位置,此時因刀鋒已朝上,此姿勢只要稍微往上突刺即可完成動作。所有的關節在僅做最小限度的移動下達成「最快最短的動作」。

※ 利用重力的步法,參照 Q54 及 Q56(第 166、172 頁)。

圖　各關節僅做最小限度移動的最快最短的動作

（a）

⬆對來自上段的劈砍，以
下段的預備姿勢抵擋。

（b）

⬆利用重力將身體下沉，腳往前跨步的同時突刺喉嚨。左右手的相對位置變化非常
重要。往上突刺時，右手的位置比圖 a 只往上移動一點點而已。

◉欺瞞五感

何謂有效欺瞞五感，或利用心理和反射動作讓注意力消失的施技方法？

舉具體的例子來說明，中國的太極拳和日本的大東流合氣柔術兩者所共同擁有的技巧。

圖1a中，太極拳以截拳道的拍手或拉手所衍生的姿勢下，兩人相互施技。右邊的老師 A 自手的觸碰察覺左邊 B 的意圖動作，即使 B 揮動手臂逐漸靠近攻擊老師，老師利用被觸碰的手採取防禦或反擊的身體移動來躲避攻擊。因為老師在手的觸碰位置或施加的力道完全不變的情況下前進（圖1b），有點像默劇，用手摸著「看不見的牆壁」前進的感覺。

在此，非常重要的是五感會依狀況而有優先順序。例如電影畫面中，分別將左右兩邊男女聲音的位置互換，會因視覺優於聽覺而沒有發現聲音位置已經不一樣。

在圖 1 中，觸覺優先於視覺。

也就是說，B 雖然有發覺 A 逐漸靠近的視覺情報，但自手得來的觸覺情報沒有變化，因此沒有察覺到 A 有動作（圖1b）。於是，與 A 觸碰到的右手無法為防禦而採取行動。

A 充分跨步並用膝碰擊 B 的膝蓋位置使 B 失去平衡，且 B 是快要絆倒時才終於好不容易發覺到，但要再防禦或反擊也已經來不及了（圖1c）。圖1b 的情況對被視覺情報限制住的 B 來說，A 的動作姿勢「消失」了。實際體驗此情況時，從圖 1a 到 1c 的確感覺有些動作突然消失了。

●利用反應「臉」的臉部神經元

此技巧是更進一步操作視覺情報的方法。

人的視覺有稱為臉部神經元（Face Neuron）專用的腦細胞，對臉部表情反應敏感。實際上，在一個堆放許多東西的雜亂房間裡，若從

圖 1 太極拳 「單鞭」 技巧的應用

(a)

B   **A**

←彼此以手腕接觸試
探對方的動作。

(b)

←A 在 B 的觸覺情報
不變下往前跨步。

(c)

←等 B 察覺到 A 的動
作時已經太晚了。

陰暗處露出一張臉的話，很快就能注意到。像是天窗的樣子、木頭的細枝、在汽車的玻璃前面「臉」的浮現等，是大家都曾體驗過的經驗。人會由對方臉部的表情來判斷動作或是攻擊的意圖。

　　圖 1b 的情況，**A** 或多或少有使用單手臂的陰影處遮避臉部，**B** 因看不見 **A** 的臉而反應遲緩。

　　圖 2a 是大東流合器柔術的示範，是老師 **A** 朝弟子 **B** 跨步並抓住弟子後頸部的狀況。雖然直到接近為止，老師都用手遮擋臉部，當再度跨步更接近時，這次 **A** 的臉出現在 **B** 的眼前。**B** 見到老師臉的瞬間，注意力被吸引，原本只是稍微看不見 **A** 從後方控制頸部的左手，現在更不易看見。

　　在圖 2a 中，**B** 發現後頸部被抓住，反射動作下想掙脫，卻只是變成無理地使用頭並與抓住後頸部的力道相較勁而已。結果，**B** 想掙脫的力道無法與之抗衡，反而似情侶般摟肩靠近的感覺，**A** 將 **B** 的臉朝前方垂直迴轉並同時拉近時，**B** 會失去平衡（圖 2b）。當受到與預期不同的力道方向時，預定動作以及肌肉的收縮來不及反應而無法抵抗，這點與大東流其他的技巧也相通。

　　在此之後，**A** 用繞到後頸部的手扭住 **B**，就很容易將 **B** 絆倒（圖 2c）。**B** 的右手因與 **A** 接觸的觸覺情報沒有改變，所以手無法產生對應，要注意到 **B** 倒下的瞬間為止，**A**、**B** 手所觸碰位置幾乎和一開始是一樣的。臉部神經元的運作下，驚覺 **A** 的接近時後頸部已被抓住，用與預期方向不同之力也無法抵抗只能被拉近，更進一步往後被扭轉頸部而倒下。

圖2　大東流合氣柔術的技巧流程

（a）

←老師 A 趁弟子 B「注意力消失」時跨步，讓 B 看見刻意遮掩隱藏的臉。利用 B 臉部神經元反應的空檔，用左手扭轉 B 的後頸部。

（b）

← B 的反射動作會將頸部往後拉引，A 以能改變 B 臉的方向力道施力迴轉，「輕柔地」將 B 往肩靠近。

（c）

← A 將 B 的臉扭轉往後拉倒。A 和 B 的手自最初接觸時，位置幾乎沒有改變。

◉欺瞞五感

古裝劇中，老劍客輕鬆制服勇猛的年輕人，是真的嗎？

不論怎樣的劍俠豪客，隨著年紀的增長，肌肉或是速度都會衰退。但是，即使對手是充滿力氣和速度的年輕劍客，不知道老劍客的動作意圖而靠近的話，在年輕劍客反應猶豫不決時，只要老劍客施以力道極輕的劈斬方法，就能不費吹灰之力獲勝。

試想一般人持刀靠近、劈砍而來時的景象。雖然對手距離甚遠，但可從對手的姿勢或是表情察覺攻擊的意圖；或是將刀瞬間高舉揮砍而下的氣勢，並從行走的速度來判斷最佳的攻擊時機。若對劍術學有心得之人見狀，也都能應對處理。

如果是柳生新陰流派的高手，會如日本傳統的舞台藝術「能」中登場的亡靈武者的動作，臉部表情不會讓人感覺到攻擊意圖。完全不知道眼睛看向何方，並且用小碎步摩擦地面行走，行走時不是上下左右的晃動，而是用滑行般的方式前進，這樣會更讓人無法掌握何時會趁隙攻擊（圖 a）。

接下來，如圖 b、c 逼近適合攻擊的狀況。前面的右手幾乎不動，使用後面的左手將刀立起時，不像是人在揮刀，而似在空中飄浮的刀隨於亡靈擺動，刀本身又可隨意移動，充滿了恐怖詭異的氣氛。於是，在完全感受不到對方是「為劈砍而揮刀」，也沒有想到要開始防禦的動作，當有所察覺而心中產生困惑的時候，立起的刀早就快速迎面劈砍而來（圖 d）。

柳生新陰流派為了避免不必要的殺生，第一刀不會強力劈砍，只是輕微地觸碰欲攻擊的地方，所以更難察覺被攻擊的時機而來不及應對。

圖　柳生新陰流派的動作 ※ 情境

（a）

→如亡靈般面無表情，完全不知道眼睛看向何方，以滑行般的方式前進。

（b）

（c）

（d）

↑（b）和（c）不是人持刀劈砍，而是刀隨於亡靈飄浮空中的感覺。

↑輕握住刀，且極快速觸擊欲攻擊的目標，然後用「掌心」（茶巾絞）的力道劈砍。

●欺瞞五感

前述「不知道眼睛看向何方」
的眼神為何？

　　我剛開始學會少林寺拳法時，曾以自由出招的方式與黑帶的前輩相互較量了一下，我使用剛學會的「眼看八方」法注意前輩手腳的動作。那時，前輩突然用左手拍擊自己的左膝蓋，發出很大的聲響，我因受到驚嚇而轉移視線注視前輩的膝蓋（圖1）。在那瞬間，前輩出右拳，並停在我的面前。

　　我誤解了眼看八方的意思，以為就是「不固定視線，依順序巡視並注意對手的全身」，而我用的其實是依序集中注意凝視中心視線法。眼看八方真正的意思，是指不移動視線，依周邊視線同時看見對手的全身（圖2）。

　　當我用中心視線法注視前輩膝蓋的瞬間，就無法意識到其他地方，前輩的右拳即使在視網膜上呈現影像也不會發現到。周圍視線法在武術用語可稱為「通觀的眼」、「看遠山的目光」等，是武術的重要心得。周圍視線法有以下兩個重要特性。

> ①同時看對手的全身或是數個敵人。
> ②讓對手不知道眼睛看向何方，迷惑對手的反應。

　　關於①，以中心視線法看對手的拳或劍的尖端，因其動作速度太快無法緊盯。意識越集中，其他部位或是正面以外的敵人，就會越看不見。相反地，若習慣了周邊視線法，心不會被某一個地方限制住（有時是數個），較容易察覺到對手動作意圖而不易受到攻擊。

　　就②而言，初學者只注視攻擊的目標部位，很容易就會被對手看出破綻。如果是上段者，被看出依視線位置攻擊的話，其實是假動作。

圖 1　上段者會引誘對手的中心視線

←左手拍擊膝蓋，當對手被
吸引注意時即已採取中心
視線，於是出右拳突擊，對
手完全無法注意到。

圖 2　中心視線與周圍視線的不同

中心視線　　　　　　　　　周圍視線

↑足球比賽中只注視球或某一位選手的中心視線，和同時掌握周圍選手位置的周
圍視線。在武術中，周圍視線比中心視線更重要。

●欺瞞五感

所謂不可思議「無影」的劍，
其技巧為何？

數年前，甲野善紀讓我體驗了此技法。如圖 1a 中，右側的甲野 **A** 面對對手 **B** 自斜上方用類似袈裟砍的方式向下劈砍。如 Q28（第 86 頁）所述，**A** 的竹劍變成急速「強力的竹劍」，所以 **B** 也以不輸給對方的力道揮舞竹劍，彼此相互攻防。**B** 心想確實「已抵擋」對手攻擊的瞬間（圖 1b），**A** 的竹劍好像穿過 **B** 的竹劍般，自反方向打擊 **B** 右手部位。

以我親身的經驗來說，竹劍確實「已抵擋」的「抵擋」時間點為止，也就是到圖 1b 為止的移動都非常清楚地「能看見」。但是，已抵擋的「已」的瞬間，手部卻似被狐狸爪子抓住般被打擊的感覺，竹劍朝相反方向迴轉時的操作則完全看不見。已抵擋的狀態，其實應該只是「影子」。

●在視網膜上呈現的影像，並不表示能看得見

最近，終於發現解開此謎底的方法。只憑在眼睛的視網膜上呈現之影像，並不表示已經看到，那是因為腦處理視覺情報時，所謂的第一次「能看到」以及其處理方法，是用當事人的意識也無法超越的自動運作架構處理。

例如，照相機朝拍攝方向快速移動時，照相機會產生模糊不清的影像，與照相機相同構造的眼球，視線移動期間並不會產生模糊不清的影像。這是因為視線移動的期間，視網膜的情報像不要傳遞到腦部般自動被阻斷。

當事人一直覺得看見清晰的影像，沒有發覺情報已被阻斷。於是三次元的外界影像呈現在雙眼視網膜的曲面上時，因為形成的是二次元影像，無法涵蓋完整的三次元情報。

即使在數學上，也無法將二次元的情報完全變成三次元的情報。腦依照經驗適當構築三次元的影像。

圖 1　腦的視覺情報操作下的「無影」

（a）

B　　　　　　　　　　　　　A

➲右側 **A** 對左側的
B 以類似袈裟砍的
方式，自斜上方劈
砍而下。

（b）

➲**B** 以圖示的姿勢，
心想已確實抵擋。

（c）

➲一瞬間，**A** 的竹劍轉
移到 **B** 竹劍的反方向位
置，打擊到 **B** 右手。

（d）

➲**B** 在腦中構築圖（b）影
像的期間當中，**A** 的竹劍
正開始轉移反方向的位
置。除了竹劍和手以外，
全身的動作與自（a）開始
到（b）保持不變的話，就
不容易被識破。

如圖 2，看似右邊的圓凸出、左邊的圓凹陷，這是大腦基於光來自上方的經驗，由陰影的形狀自動判斷凹凸。沒有想到這個紙上的二次元平面影像卻以三次元的影像來構築。

●腦可以自行補足處理的遲緩

腦（視覺皮質）的情報處理還有一個限制，那就是需花時間（約 0.1~0.2 秒左右）處理的關係，所以當快速移動時，大腦無法同步處理。大腦為了補足處理的遲緩，會在移動物體行進方向的前方位置構築影像，此稱為閃影遲滯效果（Flash Lag Effect ／ Flash Lag Illusion）。

越位（Offside）是足球的重要規則之一，是指「攻方的球員（守門員除外）必須根據球和守備方最後第二位球員的位置行動，不可以比最後第二位守方球員更靠近守方球門的位置，避免攻方更容易得分的攻守雙方不公平情勢」。

但是 2002 年的 FIFA 世界盃足球賽（都是一流的裁判員）中越位的判定統計結果，卻有「約 1/4 是誤判」。造成此情況的原因是大腦中獲取得分機會的攻方球員朝向守方球門跑的影像，會比實際位置再更前方（接近球門的位置）的關係。

回到無影的話題上，在圖 1b 中，B 將 A 的竹劍位置構築了比實際位置更往前進的影像，換言之，構成「影」，然後將「影」抵擋（圖 3b）。而抵擋期間因 B 的腦中已自動構成圖 1b 的影像，所以完全沒「能看見（構成圖 1d 的影像）」A 的竹劍已如圖 1d 般移動。

B 對無影的情況經過許多次的經驗後，逐漸會在腦中構成圖 1d 的影像，或許就能夠正確應對也不一定。如果這是真劍搏生死的打鬥，因 B 已失去性命，當然能保守無影的祕密＊了。

※ 一般武術的祕傳技法只傳授給特別的弟子。與其他流派真劍搏生死時使用該祕傳技法的話，多半已有不是你死就是我亡的覺悟。

圖2 補充二次元的情報，構築模擬三次元的影像

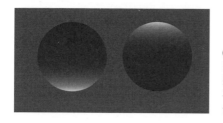

←看似左邊的圓凹陷、右邊的圓凸出。這是因為腦憑藉「光由上方而來，物體產生陰影」的過去經驗，將平面的影像構築成立體的影像。將圖倒過來看，圓的凹凸也跟著改變。

圖3 何謂閃影遲滯的效果？

→朝敵方球門奔跑的足球選手是在 **P** 的位置，裁判腦中構築了在 **Q** 的位置影像，導致判定越位（誤審）。

(a)

Q　　　　　**P**

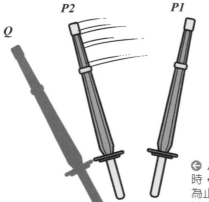

Q　　**P2**　　**P1**

(b)

← **A** 的竹劍從 **P1** 移動到 **P2** 時，**B** 的腦中構築了移動到 **Q** 為止的影像，如圖1b，抵擋的其實是刀的「影子」。

第6章 破勢的科學

● 破勢

何謂武術的「破勢」？

　　「破勢」是讓穩固站立的對手重心不穩、失去平衡的技巧。若人類支撐重量的雙腳形成的底面積變小的話，本質上容易造成重心不穩而傾倒。即使是柔道，雖然施展投技前的破勢非常重要，但將對手從前後、左右、斜向等各種方向施以牽引或壓制力道，也會造成破勢。若對手發覺該力道，利用變換姿勢及重心位置則可保持身體的平衡，但若因力道太強或急速之下，以致於對力的變化來不及反應還是會被破勢。

　　武術的破勢與柔道不同，對手無法正確察覺破勢力道[1]。其方法分為以下四種：

> ①用整體的力道，並利用對壓力的敏感度。
> ②力道要連續變化。
> ③變化施力的接觸點，同時施以變化的力道。
> ④利用手掌的反射動作。

　　任何情況下，不是施以突然的攻擊。即使再三叮囑對手「現在開始施以推的力道，請勿搖晃並確實保持身體平衡」的狀況下測試，一樣有效。

　　以①的例子來說，手掌放在對手肩上，將四指中間關節的指背直立強力牽引，同時大拇指的指根處和手掌心緊密貼合在胸部施以推的力道（圖1）。四指的力道因為接觸面積較小，與力道相比反而是壓力（每單位面積的力）較大，對手會以為是被往前拉引的感覺。推胸的力道，相較於四指力道反而壓力較小（接觸面積大），對手不太會有感覺。

　　感覺「被往前牽引」的對手，為了「不倒」會將重心往後移動，

※1 Q67（第204頁）的第2個秘訣為②的例子。

圖 1　破勢對手的抓法

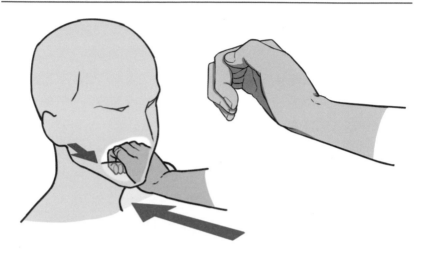

⬆四指中間關節的指背直立，用大拇指的指根和手掌心處施以推的力道。讓對手誤以為是被拉引的力道。

圖 2　即使沒抓到……

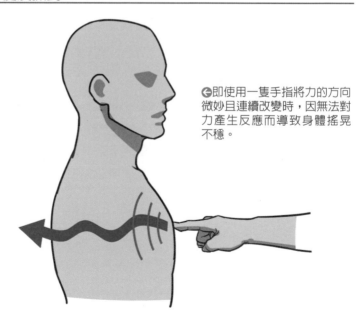

⬅即使用一隻手指將力的方向微妙且連續改變時，因無法對力產生反應而導致身體搖晃不穩。

因用手整體力道去推的關係，對手就容易向後傾倒。相反地，若豎起大拇指推胸部，四指中間關節指背的緊密牽引下則往前傾倒。

若熟練②的情況下，即使是用一隻手指推對手胸部，也能讓對手身體搖晃不穩，重點是力的方向要「連續」改變。不是「施加某方向的力，然後快速改變力的方向」，這樣對手會注意到該力道及其變化。變化是要讓對手無法覺察般微妙的改變。

再舉一個與②有關的例子。左右手各用三隻手指捏住對手的兩袖，連續且分別改變兩手的力道時，也能使對手身體搖晃不穩定。

以③的例子，是用手刀推胸的情況。利用手腕的迴轉，手刀的小指側在胸部上如轉動般移動或滑行手刀來改變接觸點，兩者皆可（圖3）。

②和③，對手無法感受到力的變化，在不協調感中疑惑「為什麼會搖晃不穩定」。

舉一個綜合②和③的太極拳流派的例子。兩手似環抱一顆大樹般的站立姿勢（Q71 的站樁功，第 216 頁），用單手拳背處朝張開雙腳平穩站立的對手肩膀推壓。對手的姿勢在力學上是處於絕對有利的狀態 [2]。接下來，兩手間似挾住「氣球」般膨脹，同時兩手往外擴時，對手毫無抵抗下，身體就會搖晃不穩。

最後④的例子是大東流「接觸合氣」的高級技巧，據說是人類生活在樹上時期所留下來的名稱，當手掌接觸樹枝時，利用手會自動握住的「握把反射」[3]（圖4）。對手張開手掌，高手自手腕側往手指方向揉蹭對手的手指前端，對手下意識手會變窄微彎，高手若加以誘導就會被牽引拉走，於是對手在不知覺的情況下被施以關節技，造成身體不穩而失去平衡。

※2 詳細說明請參照作者的《格鬥技的科學》Q44。

圖3 讓對手無法正確察覺的技巧

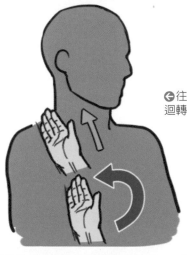

←往上揉蹭或是縱向
迴轉。

手刀觸碰胸部,用手刀縱向迴轉
或往上揉蹭改變接觸點,使力較
無法正確察覺。

圖4 利用手掌反射動作的大東流「接觸合氣」

↑(a)將手指前端放在高手(右)的
手掌上。

↑(b)高手快速反轉手掌。

↑(c)高手用手指前端將對手的
手指往上揉壓,對手想抓住高手
的手,而自然地彎曲手指被高手
牽引。

←(d)保持(c)狀態下朝反向
壓制,對手的身體也無法動彈。

※3 這種反射動作好像只有剛出生沒多久的嬰兒才會具有的反應,實際上,一般人似乎以某種形式仍
擁有此動作反應。

● 破勢

如何揮落抵擋的手臂進行攻擊？

　　某次研討會上，我接受在甲野善紀的武術演講中扮演其對手的邀請時，甲野對我說「要出上段攻擊了，請做好防禦」，接著便朝我攻擊而來。我用少林寺拳法的上擋法將甲野的前臂撥彈開，這與空手道的上段攻擊相同，具有非常強的抵擋防禦力。但是接下來的瞬間，抵擋的手臂被甲野牽引壓落至腰部（圖1）。若這是實戰的話，甲野就可以出左拳攻擊我完全無防禦的臉部。

　　此技巧的秘訣在於，當對手幾乎無法及時反應時，瞬間用力地將其手臂揮落。對手抵擋的當下動用三角肌等肌群舉起防禦的手，抵擋終了的瞬間，肌肉的操作停止。因此不論什麼位置，只要上抬舉起手臂，臉部就成了無防禦狀態可攻擊的部位。

　　利用手臂撥彈開的肌肉動作停止瞬間，一鼓作氣揮下壓手臂。

　　剩下來的問題，就是「如何對對手的手臂施以瞬間往下的強大力道」。答案是兩腳要拔重。

　　甲野用「兩腳底垂直離開地面，浮起身體」來說明。不可以踮起腳尖，只要維持腳底的平面，一鼓作氣浮起。實際上並沒有真的浮起，而是兩腳朝身體方向浮升，腳底施加於地面的力道幾乎為零（圖2）。當然，失去支撐力道於是身體開始下沉。

　　利用拔重（浮起身體），將身體的下沉力道經由手臂一鼓作氣傳遞至對手的手臂 *。全身若還有多餘的力道，會讓瞬間產生力道的速度變慢而失敗，所以想一開始就要讓全身沒有多餘的力道，這點應該是很難的。

　　但是，就好比游泳或騎單車一樣，向擅長的人學習並勤加練習的話，以我自身的經驗，是可以在短期間內學會的。

　※ 省略詳細的計算內容，但能施以近乎等同於體重的力道。單獨一人操作時，如圖2般身體下沉。有
　　對手時，因自己要施以手臂向上的力道（來自對手的反作用），故身體無法下沉。

圖1　雖然以上段抵擋……

← 雖然已抵擋對手的攻擊，但為什麼手臂會急速變重被壓落至腰部？

←把握對手動作停止的瞬間，一鼓作氣下壓手臂。

圖2　將下沉力道傳遞至手臂的技術

①兩腳底平行微踮。
②全身下沉。
③全身沒有多餘的力道，並在身體下沉瞬間將力道傳遞至手臂。

● 破勢

前述技巧，
對有防備或肌力很強的人也適用嗎？

前述的技巧，對於只有肌力的人或是會運動競技類格鬥技巧的人，幾乎在所有的場合都適用。但是對於會某種程度武術操作的人，就要視自己本身的技巧純熟度而定，也有不適用的情況。

在此稍微說明一下此技巧的力學原理，基本上是對對手的手臂肩關節周圍施以能牽引揮落的最大力矩（圖 1）。

> 力矩 N＝力 F × 迴轉半徑 R

力的大小及朝迴轉半徑越大的方向施力，兩者都非常重要。

圖 1 中，朝正下方施力 $F1$，雖然因迴轉半徑 $R＝l$ 很小，但與肩 S 和力的作用點 P 的連結線 SP 成直角施力時，迴轉半徑就會變成較大的 L。

簡言之，利用拔重來增加身體力道的同時，往手前方向牽引即可。若是強力牽引猛力向下朝肩關節方向牽引拉入的話，因迴轉半徑變成零（力矩也變為零），是效果最差的動作。

隨著對手的手臂落下，要注意力的方向需與直線 SP 保持垂直（圖 2）。一開始稍微往手的前方牽引，接下來逐漸力道往下方改變，最後接近對手腰部的位置施力推入。

即便如此，肌力很強的對手或許會對抗肩關節周圍的力矩。此時，趁對手不注意的時候，破壞對手的平衡是最有效的。人安定平穩站立時能抵抗防禦外來力道，而在失去平衡最不穩定時則完全無法使力。詳細的內容，在下一個章節中說明。

圖1 對對手的手臂肩關節附近部位施以向下迴轉的力矩

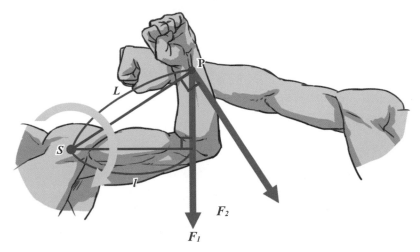

⬆️正下方下壓時，$N_1 = F_1 l$。
朝手的前方向下壓時，$N_2 = F_2 l$。

圖2 對手的手臂往下時的秘訣

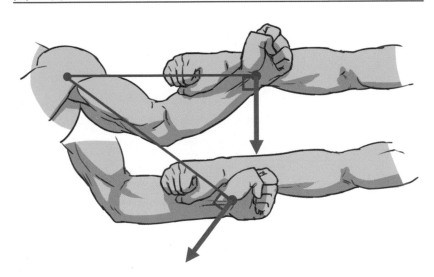

⬆️隨著對手的手臂往下，朝迴轉半徑最
大的力的方向施力。

● 破勢

不使用拔重的急速重力，也能將防禦的手臂牽引下壓的方法為何？

　　右圖為前頁圖 1 的全身示意圖。往手前方牽引的力 F_2，會讓腳的著地點 A 的周圍產生稍微往前的迴轉力矩。簡言之，產生對手往前傾倒的作用。面向對手施以推入的力道 F_3 的話，則變成往後傾倒的力矩。對手越使力不讓手臂落下，就越會喪失身體動作的柔軟性，如同生鏽的機器人失去平衡而搖晃不穩。因此如前項所述，無法發揮不讓手臂落下的抵抗力。

　　自己不使用拔重，相對慢慢施以柔弱力道的情況下，對手會察覺到此力，並使用不讓身體傾倒的方法來移動重心，就能與己力對抗。但是，因為不是明顯的傾倒不穩，而是將其力的大小及方向在無法察覺的程度下微妙地連續變化時，讓對手完全沒有發現己方已失去平衡而非常輕微地搖晃不穩。當然，手臂也不能出力。

　　於是對手會有「在不知不覺的情況下，不知為何手臂會被牽引落下」的感覺。我也曾經對柔道社或空手道社、足球社等社員運用此方法，而將對手的手臂牽引落下。

　　陳式太極拳的池田秀幸老師，技巧精妙遠超過上述的程度。我感覺不到老師推壓我的手臂力道，而手臂也沒有落下，但老師緩慢地彎曲膝蓋，腰往下沉且姿勢變低，不知為何我也和老師做了相同的動作，連開始搖晃不穩的感覺都沒有。老師解釋說施以「小卻微妙變化的力道，自手臂、腰、膝的順序破勢」。在此情況下，與對手肌力的強弱沒有任何關係。

圖　不使用拔重而讓對手破勢的方法

⬆ 施以往手前方牽引落下的力 F_2 時，因著地點 **A** 周圍的力矩

$$N_2 = F_{2R}$$

的變化，對手會往前傾倒。

推入的力道 F_3 的話，隨著 **B** 周圍的力矩

$$N_3 = F_{3r}$$

的變化，對手會往後傾倒。

F_2、F_3 往垂直方向變化的話，身體將會似被扭轉般傾倒。

●破勢

有能壓制對手握緊拳的
手腕的方法嗎？

合氣道的「反手摔」和少林寺拳法的「逆前手臂」，都是將對手的手腕往內側彎，同時向外側扭轉的技巧（圖 1），其中一個秘訣是要將對手的手肘從對手身體略微往外拉出。

如圖 2，知道此技巧的對手會努力抗衡，因此對手緊握拳頭，手腕不往內側而是朝手指甲的方向彎曲，更進一步控制力道，讓手肘不被往外拉。在此情況下，不可能將對手的手腕往外側扭轉，所以無法施以此技。

接下來，介紹將這不可能變為可能的技巧，即是不刻意抵擋對手的力道，施以其預料之外的力。

一開始的情況，必須是對手的手腕往內側彎曲。對手會對此產生警戒心，即圖 3 兩個虛線箭頭的相反方向力道。簡言之，拳的關節附近直接推入的力①與手腕拉離的力②是預想中的力。

施以預想之外力道的第一個秘訣，是用右手掌心代替直接推入的力，柔軟地包覆對手的拳，並施以由上方往內捲入的力道③，像似手掌變蛇、拳變蛋，由上方開始吞蛋般的感覺 [1]。

第二個秘訣是，左手不是只將對手的手腕朝手前方拉引，而是將對手的重心往前牽引的力④，讓對手失去平衡、重心不穩。此破勢必須保持自己「不要僵化」[2]（在此情況時，帶著力道不要僵固於當下）的狀態。

不論肌肉肌力再怎麼強悍的人，幾乎在無法抵抗預期之外的力道下，手腕被壓倒彎曲、身體往前傾倒。之後，不管是順勢讓對手往前傾倒，或是手腕往外側扭轉摔投，都會非常容易。

---

[1] 在手的某個部位施力的各瞬間，只能用直線表示。力③及④作用於對手拳的整體或手腕的力，也包括表示時間的變化。

圖1 合氣道的「反手摔」

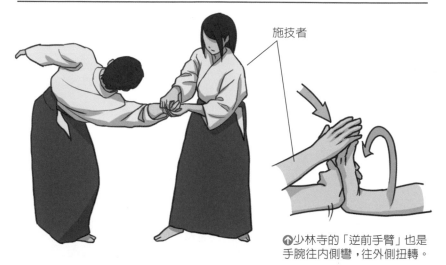

施技者

↑少林寺的「逆前手臂」也是手腕往內側彎，往外側扭轉。

圖2 不被施技，能穩固身體的姿勢

緊握拳

手腕往手指甲方向彎曲

手肘貼近身體

圖3 自右側來看右拳的示意圖

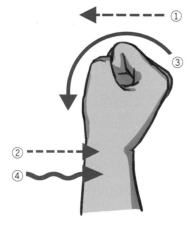

①
③
②
④

↑對手能預想到的力為①及②。③是如蛇吞蛋般的包覆力，④是重心朝前，如破勢般微妙的變化力道。

※2 詳細內容在 Q68（第206頁）中說明。

● 破勢

手腕被抓住時，
還能施展「破勢」嗎？

　　日本傳統習慣在榻榻米上生活，席地正坐（例如無法拔刀般）兩手臂被壓制時，也能將對手撥彈開的「合氣舉 [*1]」，是合氣系壓制武術的基本技巧。在此，配合現代人的生活說明站立狀態下或兩手腕被抓住時的「破勢」技巧。這與利用關節構造的擒拿術及關節技不同，是基於其他原理體系。

　　A 抓住 **B** 的手腕呈壓制狀態（圖1），並讀取來自 **B** 手腕各瞬間的力道變化以採取應對措施。假設 **B** 將手往前伸，而 **A** 手臂彎曲的話則沒有壓制的效果。此時 **A** 雖然手臂不彎曲地操作手腕伸展的肌肉群，往前施以反壓制力道，僅僅是這樣的動作，**A** 等同不張開雙腳推牆一樣，就會往後傾倒。

　　於是，**A** 下意識地腳跟施力，只要用等同於感覺到對手所施的力道將重心往前移並雙腳張開，保持全身的平衡。當然，對應於 **B** 的力道，背肌或腹肌等身體的肌肉也動了起來。

　　A 針對 **B** 的力道而形成身體的姿勢時，只需對要使用到的肌肉施力就會呈「僵持狀態」。**B** 急速改變力道，**A** 能迅速變換成其他姿勢再度形成「僵持狀態」。當 *B* 也想要將手拔出時，剎那間仍然變成「僵持狀態」。

　　簡言之，若 **A**、**B** 都不懂武術，雖然身強力壯的人會比較有利，但相應於該出的力道所形成「僵持狀態」的體勢，如何快速變換到其他「僵持狀態」的體勢，應為勝負的關鍵。

　　這雖然是其中的一例，然而身體的姿勢固定僵持不動，稱為「僵化」。僵化就無法柔軟應對，要具備「不僵硬」的身體是武術修練的重要目的之一。

　　※1 也可寫成「合氣上」。

圖 1　什麼是僵持狀態？

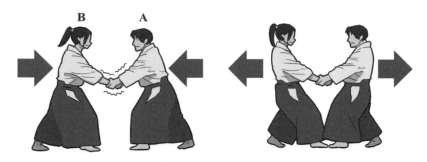

⬆互相壓制並往前傾的「僵持狀態」。　⬆相互拉引並重心往後移動的「僵持狀態」。

若 A、B 都不懂武術時，相互感覺對方的力道，如果 B 施壓力，A 也施壓力；若 B 施拉力，A 也施拉力等方式，從原來的「僵持狀態」變成其他不同形式的「僵持狀態」。

圖 2　讓手的施力消失的方法①

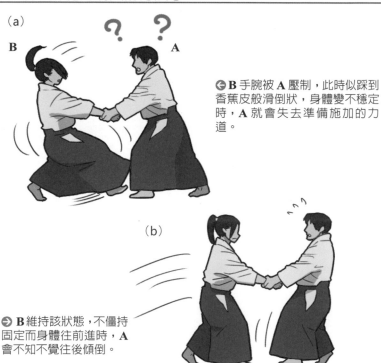

（a）

⬅B 手腕被 A 壓制，此時似踩到香蕉皮般滑倒狀，身體變不穩定時，A 就會失去準備施加的力道。

（b）

➡B 維持該狀態，不僅持固定而身體往前進時，A 會不知不覺往後傾倒。

●不僵化的方法

A 只要能感覺到 **B** 的力道，就能反向施力壓制 **B** 的手腕。反之，無法感覺力道的話則無法施力壓制，**A** 當然就無法保持身體平衡，這就是破勢的原理。**B** 為了不讓 **A** 感覺到力道，則絕對「不固定僵持」——簡言之，如蒟蒻般軟 Q 滑溜，採取沒有任何地方能被固定僵持的身體姿勢。

初學者也能學會的「不要固定僵持」的方法，是刻意讓自己（**B**）變成不安定狀態（圖 2）；像踩到香蕉皮滑倒的感覺，實際試做這個動作看看。當 **B** 不安定的瞬間，**A** 明確感覺到 **B** 的力道突然急速放鬆，就像文字所述，手的施力消失。**A** 不知道身體該如何維持平衡或是如何重新站立，形成某種混亂狀態。（事實上，**A** 沒有注意到此情況，只覺得有點不協調）。

B 利用此瞬間突然快速前進的話，**A** 幾乎在無抵抗下失去平衡往後退。但是，**B** 由刻意製造的不安定狀態，又再次站立起身的話，也就是再度自「固定僵持」開始，就會讓 **A** 重新感覺到力道而導致失敗。

接下來，說明不需要自己（**B**）變成不安定狀態的高級技巧。被抓住的手自手肘前端變成棒子的感覺。熟練的話，手腕及手指會在一定的硬度下成為僵硬的「棒子」，**A** 握住時，如同在此「棒子」上掛上東西般的感覺（圖 3a）。當 **B** 的肘部完全放鬆力氣時，**A** 就會只像手握住棒子般失去對 **B** 施力的力道。

於是，當 **A** 壓制移動如棒子般的 **B** 手肘時，感覺就像是手中提的東西急速移動的怪異感，並在沒有抵抗的情況下受到牽制（圖 3b）。但是若 **B** 被壓制，手指就受驚嚇動起來的話，棒子就會如同變回人的手般而失敗 [2]。

※2 剛本真老師說：「保持像隱形人在壓制任意移動，如同人體模型假手的自己（**B**）的手肘般的感覺，手肘就會有力道」。

圖 3　讓手的施力消失的方法②

（a）

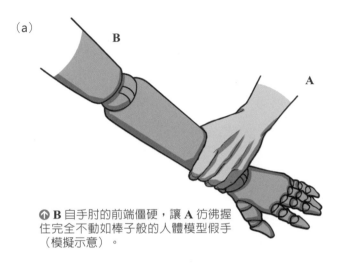

⬆ **B** 自手肘的前端僵硬，讓 **A** 彷彿握住完全不動如棒子般的人體模型假手（模擬示意）。

（b）

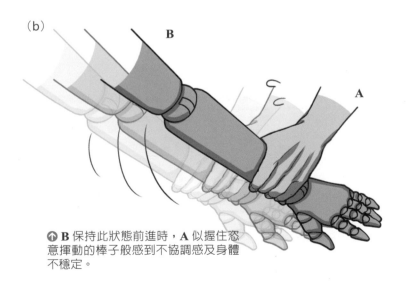

⬆ **B** 保持此狀態前進時，**A** 似握住恣意揮動的棒子般感到不協調感及身體不穩定。

● 破勢

大東流派不可思議的
「合氣」破勢方法？

　「大東流」是繼承會津藩[1]的武術，最早的傳播者以武田惣角最為有名；使用「透明力」的佐川幸義宗範[2]源於武田所傳授的「合氣」；筑波大學名譽教授木村達雄是繼承佐川老師「合氣」的數名學者之一。據木村教授說，即使同樣是武田的弟子，這與合氣道的創始人植芝盛平的「合氣」仍有所不同。還有，聖瑪利清心女子大學（Notre Dame Seishin University）的物理學教授保江邦夫，在其著作中提到「於西班牙的修道院挑戰苦行修練，在如聖者般的西班牙神父那收穫了不可思議的力而習得『合氣』」。我並沒有判定這與木村教授的「合氣」是否相同的想法。

　在此，介紹我和空手道上段的 K 向木村教授拜訪討教，在數個小時內不斷被推倒的經驗。

圖 1　選擇要施以「合氣」的對象

⬆ K（右）和我（中）以四手做成不易被推倒的形式。

⬆ 木村教授（左）用手掌輕推時，K 稍微晃動不穩，只有被施以「合氣」的我往後倒。

※1 會津藩為日本古陸奧國（奧州）會津郡，範圍包含了現在的福島縣西部會津地區。當時的藩廳為會津若松城（今會津若松市）。

　　K和我雙手交疊，我們是壓倒性有利的姿勢，當木村教授用手掌輕推時（圖 1a），只有被施以「合氣」的我往後倒（圖 1b）；若兩人都被施以「合氣」的話，兩人都會往後倒。即使選擇對手四、五人，也會同樣被推倒。

　　接下來，木村教授握住自己寬鬆毛衣的衣角兩端並撐開，我用兩手施力朝正中間下壓（圖 2a），分量十足地將身體重心往前，手臂及肩力氣都放鬆，呈現不抵擋力道的準備狀態。木村教授前進時，我不明就裡如玩偶般被推倒（圖 2b）。

　　根據木村教授的說法，「合氣是使人體非物質的系統運作消失，切斷防禦系統開關的技術」，與合氣道等所謂的「氣」沒有關聯[3]。人的想法只要一直受限於物質的存在，將無法看見科學的說明曙光。

圖 2　即使不直接接觸，也能施以「合氣」

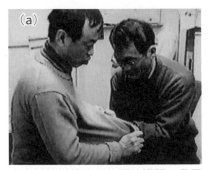

⬆木村教授將衣角的兩端撐開，我握住寬鬆的毛衣中央，身體重心往前，不抵擋推壓的力道，充分放鬆力氣。

⬆只感覺到一點力道，卻似玩偶般地傾倒。傾倒瞬間，絲毫沒有產生想抵抗的感覺，傾倒後還會微笑。

※2 日文宗範與師範意思相同，是老師的意思。
※3 中國「氣」的涵意很廣，也包括所謂的超能力。在此僅指狹意的「氣」。

◉破勢

對手突然攻擊施以「破勢」的話，又該如何應對？

　　在此要介紹兩個「對手突然變化時，已練就武術的身體要如何反應」的具體例子。

　　一開始，楊式太極拳的老師幾乎完全運用套路（型）「野馬分鬃」的動作（圖1）。體格壯碩的對手突然壓制住老師的手臂想破勢，老師不逆向抵抗對手的力道，而是柔軟地操作股關節將重心往後腳移動，同時牽引手臂，對手沒有感知到老師施力壓制並牽制的手臂，於是被吸引往前而失去平衡。然後老師再將重心往前腳移動並將手反壓制，對手因此被彈飛。

　　老師身體的任何部位實際上並不是直線而是畫圓弧的移動，即使對手已朝正前方壓制也會微妙地偏移，或是老師反壓制時，因力的方向微妙變化，對手無法跟上採取對應造成身體重心不穩而被彈飛。

　　還有一個例子是李小龍也學過的，以快速移動為特徵的詠春拳其中的一種學習法（圖2※）。A、B兩人面對面，一秒間出數拳，相互連續攻擊，持續以前臂抵擋。此時，B突然右腳前踏，已被A壓制的右拳想順勢再攻擊。

　　A感受到B想再攻擊的力道，（面向B）上半身略偏左移動，同時往右扭轉。B的右拳沒有感知到變化，故被A的右手臂誘導移偏。A利用上半身的扭轉帶動左拳攻擊時反擊B的臉部。

　　太極拳、詠春拳，或是日本武術，雖然在細微的地方有所差異，但感知對手的動作並採取對應這點是共通的。

※ 草彅豐的詠春拳武術表演之解說。

圖 1　運用野馬分鬃的動作

←太極拳的老師（右），與套路幾乎相同的動作下彈開對手壓制而來的手臂。

圖2 快速出拳中，感受與對手接觸動作的詠春拳

（a）

A **B**

← **A** 和 **B** 互相連續出拳抵擋。

（b）

（c）

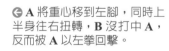

↑ **B** 強行將已被 **A** 壓制的右拳朝前方攻擊。

← **A** 將重心移到左腳，同時上半身往右扭轉，**B** 沒打中 **A**，反而被 **A** 以左拳回擊。

如何鍛鍊武術中的「破勢」？

讓對手破勢時，自己的身體「不要固定僵持」、「不張開雙腳」。簡言之，盡可能放鬆力氣，似倒非倒微妙地保持平衡為條件。

因此，作為鍛鍊身體的學習法之一，是用一本齒的高下駄[1]練習走路（圖1）。一片屐齒的木屐是不易取得平衡的構造，當重心在腳踝時，容易前後不穩而跌倒。其實，重心只要落在屐齒上，自然能全身放鬆力氣，學習保持微妙的平衡站立。

若能夠熟練使用的話，能做到一般散步或在未鋪好路的道路上行走甚至小跑步。我用一片屐齒的木屐不停練習直到幾乎要完全磨平齒屐，這是練習保持平衡感很好的方法。但是，一開始練習時要注意不要跌倒。也不要在不平坦的地面上行走，不只是前後，也很容易往兩旁跌倒，造成骨折或挫傷。

●站樁功鍛鍊「不固定僵持」的姿勢

還有一個學習法為站樁功。雖然有各式各樣不同的方法，但站樁功是被當成修練氣功的健康法之一（圖2a），對自律神經或內臟保健也具有很好的效果。

方法是手臂舉至胸口高度，用雙手似抱往「氣」球般的感覺。重心放在腳底的大拇指腳球、小指側指根及腳跟這三點處支撐，連接這三點形成了一個三角形，其邊似溜冰鞋的刀（刃）。當被外力推壓時，身體重量不論落在哪一邊的刀刃上，「讓對手負擔承受身體重量，並同時保持平衡的狀態」（圖2b），於是無論承受什麼樣的力道，身體也不易傾倒。

初學者還沒有想到要保持身體平衡之前，數分鐘後就會肩膀酸痛而手臂逐漸下垂。因出力保持手臂高度，導致肩膀肌肉疲勞酸痛，而且因為整隻手臂似抱大「氣」球般，將手放在氣球上浮起的感覺，維

---

[1] 日文的「下駄」是指木屐，底部有日文稱為「齒」的裝置部分，是與地面接觸木製的板狀物。屐齒有一片或兩片到三片不等，圖1為一片屐齒的木屐，原文為「一本齒高下駄」。

圖 1　一本齒高下駄

↑一片齒的木屐可作為平衡感的訓練。

圖 2　站樁功可算是中國武術或氣功的基本功之一

（a）

➡身體不僵硬，像固定於定點般輕微地晃動，用最小的力氣保持平衡站立；雙手似抱住氣球般將氣球往上浮起的感覺，這樣做起來會更輕鬆。

（b）

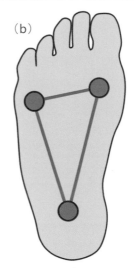

↑有意識地施力於腳底三個點上站立。面對外力的推擠時，身體重量落在任一邊的刀（刃）上的感覺可保持力的平衡。

持了一段很長的時間。所以，與其是氣球往上浮起的感覺，倒不如說是因只使用最低限度的肌肉力道的關係，也就是在許多肌肉纖維中，交替使用必要的最小限度肌肉量，而讓其他肌肉纖維休息。

在此為保持平衡，不只有肩膀，全身的肌肉要放鬆，只運用必要最低限度的肌肉。當外部突然施力推擠時，隨時可總動員休息中的肌肉纖維，發揮必要的肌耐力，完成靈敏的身體準備狀態。

●即使外表的動作確實也不行

我可維持站樁功的姿勢約 30 分鐘，外力用力推擠手臂時，會有強勁抵擋力道順勢將其撥開，或即使是單腳站立與兩腳站立的對手掌心相碰互相推壓也不會輸（圖 3）。

有能維持 2 小時站樁功姿勢的中國武術家。雖然站樁功也是充分鍛鍊武術技巧的結果，卻也曾經將攻擊而來的對手瞬間彈飛的例子。

再次說明，站立不動的站樁功在維持施力於三點任一邊刀（刃）的感覺及「氣」的運行下，可使操作的效果更具威力。此與學習基本的太極拳套路動作相同，全身要儘量柔軟，同時「氣流動中」的操作下鍛鍊「太極拳的身體」效果較好。長年只練習套路的表面動作，雖然動作看起來流暢，即使成為指導程度的人，也有可能是完全沒有練就武術的 [※2]。

日本武術中的劍術或合氣道等的套路（型）也是一樣，為練就武術的身體，外表的動作和擁有內在的感覺都非常重要。

大東流的「合氣」難度太高，不包括在一般的「破勢」中，但應視為鍛鍊基本武術身體的必要條件。

[※2] 作為鍛鍊身體的健康法是有意義的。

圖3　即使單腳站立，也不會輸給雙腳站立的對手

⬆ **A** 養成武術的身體時，即使單腳站立與雙腳站立的 **B** 掌心相碰抗衡也不會輸。雖然使勁出力下會輸，但只要感覺是抓住 **B** 的手般，即可維持身體平衡。

第 **7** 章　氣與心的科學

聽說氣能操縱人,是真的嗎?

此章節介紹旅居美國的日系氣功師,於日本公開的學會上,在我及許多科學家的面前展示其成果內容。

氣功師狀似漆牆的動作,形成 2 平方公尺大小的氣的障壁,他背對障壁向手持高爾夫球桿的弟子說,你對著障壁朝我打過來(圖)。

弟子猛然揮動高爾夫球桿襲擊氣功師。接下來的瞬間,弟子像撞到玻璃牆般突然止住,然後緊黏在牆壁般,全身僵硬無法動彈。

因握著高爾夫球桿的手突然停住,球桿從握把處開始彎曲,這證明了弟子並非刻意停止不動。此時,只好認為有生命的弟子因氣的障壁停住,而沒有生命的球桿因為想動而彎曲。

觸碰身體僵硬的弟子時,他全身肌肉如痙攣或被電擊般強力收縮,即使手指按壓,肌肉連一點凹陷也沒有。弟子不可能憑己之力製造此現象 *。

氣功師在張開雙手般的動作下,朝弟子開始吹氣時,弟子才好不容易擺脫僵硬,終於逐漸能動了。若放置不管的話,弟子將會有生命危險。

在此之後,氣功師將我的一隻手臂往前伸同時吹氣,並由上方用力敲擊我的前手臂。我確實感受到被敲擊的力道,此時手臂卻完全不動,仍然保持水平伸直狀態。

接下來,氣功師再次吹完氣後以同樣的方式再敲擊時,我施力於手臂抵抗,但手臂卻大幅落下。我無法用科學的方法說明,但這的確是事實。

※ 在攻擊的氣勢下,不向前傾倒又維持身體平衡的僵硬,雖然這點不可思議,但或許
是利用氣的運行操作,下意識調整不前傾而突然停止不動的樣子也不一定。

圖　氣的障壁

◎氣功師兩手發功形成氣的障壁。

◎用高爾夫球桿（鐵製品）攻擊氣功師卻無法動彈的弟子。弟子因氣的障壁導致身體僵硬。

◎氣功師在張開雙手般的動作下朝弟子吹氣，之後弟子就能動了。

●氣與心

為什麼有達到悟的境界的
武術達人？

悟的境界與「擁有某種高超能力」或「能看到前世來生」之類的超能力無關。我年輕的時候曾認真思考過「人生的意義為何」，在找尋答案的過程中偶遇了幾位到達悟境界的人物。

這些人的共通點是，「與他們聊天的言談中，沒有談論到任何解決煩惱的方法，卻在不自覺中從煩惱跳脫開來，使人充滿了生存的意向」。換言之，要能完全接受「自己本身就是非常重要的存在價值」，總之有「被拯救」的感覺。達到悟的境界之人，沒有什麼事能夠動搖內心的平靜，是一種「安心立命」的境界，而這種人的存在，自然能拯救周圍的人。

其中一個例子，是臨濟宗的禪僧，也是直心影流的劍術家 —— 大森曹玄老師。我年輕時曾聽過老師的演講，當時的我有點神經緊張、戰戰兢兢，對不喜歡的地方很敏感，覺得他們「太驕傲」或是「只是說好的」之類，無法拋開偏見去聆聽演講內容。但是，大森老師讓我感覺到「沒有表現突兀的地方，是一種無與倫比廣大的存在」。

●集中就能達到「三昧 *」

雖然大森老師是個很典型的例子，但武術與悟道相關聯的理由之一是，「學習拋棄雜念，提升注意力的集中」。在複雜的社會中生存的現代人，過度使用頭腦、沈溺於雜念的大海中，忘記了如野生動物般勇敢的生存方法。

我讀研究所時，從早到晚腦中所煩惱的全是研究上的事情，逐漸患有失眠症和精神性緊張腹瀉，故常閱讀對健康有益的打坐書，並領悟到「腦中反覆思考煩惱或雜念是無法獲得療癒。」（圖）

一直對武術有興趣的我，某一天在大學武道場看見黑帶高手在練習少林寺拳法，當場誠懇拜託對方「一週教我一至二次」，對方勉為其難下終於答應了。

※ 沒有雜念的高度精神集中狀態。禪坐中一定會起雜念，也有老師認為「能拋開雜念的話，就與沒有雜念相同」。三昧在佛教的意思為禪定，指精神達到深層集中的狀態。

圖　擾亂內心的波濤，無法用另一波濤來弭平

⬆一般人禪坐時腦中影像的感覺，內心的煩惱或雜念的波濤無法用另一波濤來弭平。

　　於是，每次近 2 小時的學習快要結束時，終於能從每日盤旋腦中的研究中揮之不去的壓力解放出來，短期失眠症和精神性緊張腹瀉都不藥而癒，是我意想不到的效果，更因這效果帶來學習上的精神集中。

　　例如，我的黑帶教練教我來自中段的攻擊要用下方抵擋的技巧後，「現在要攻擊了，請抵擋」，於是便攻擊而來。攻擊時聽到清脆的響聲及衣袖所發出的聲音，我被那股肅殺氣氛所震驚，盡全力以生硬的姿勢反覆用下方抵擋。隨著不斷練習，研究的事情便完全拋諸於腦後，且能重新打起精神。

　　再回到大森老師的事情上，雖然老師在劍術及禪坐方面都鍥而不捨的修行，曾提及「禪坐要達到三昧境界是很難的，而劍術若超過體力極限的鍛鍊，比較容易達到三昧的境界」等話。在達到三昧境界時會「脫離腦中所想的事情」，是用全身展開悟道手段的方法之一。

　　不僅限於劍術，認真修行武術也是自然修練三昧的方法，對求道者來說是得道的契機。大森老師曾說：「十萬人中才有一人的天才能用禪坐悟道；而普通人只要用心，可以從日常生活中去接近悟道的境界」。若是修練武術的人平日養成集中注意力並加以保持，每天認真生活，將會得到人生的意義。

●氣與心

禪坐集中注意力，
在科學上是什麼意思？

自古以來，就有一直研究禪坐中的腦波。所謂腦波，是指無數腦神經細胞的活動產生電壓，用附著於頭皮的電極捕捉的紀錄。腦波依其振動頻率分為四種類型（表）。

振動頻率很大的 β 波，在必須集中精神的計算或思考時常出現。比 β 振動頻率小的 α 波，是在身心舒緩及放鬆時常出現的腦波。振動頻率比 α 更小的 θ 波，則在淺眠時才出現。

累積禪修老師的腦波，即使在禪坐開始時和悟道中就會開始產生 α 波，短時間內一般人不會產生的 θ 波也會出現。

對禪坐中的一般人和禪僧聲音刺激的實驗中，其結果有很大的差異（圖）。

一般人 ------ 對於聲音的刺激，腦波會長時間持續變化，但聽相同的聲音時反應逐漸變遲鈍。

禪僧 ------------ 對於聲音的刺激，腦波 2~3 秒左右就會回復，相同的聲音不論聽幾遍，每次都產生相同的反應。

禪僧對來自外界的刺激，即使產生反應也不會受影響，或是能解釋為每次都以「全新的心」來反應。

以武術來說，一般人被施以虛擊動作時，長時間受其影響下，對於接下來的攻擊反應會變遲鈍，甚至是若不施以假動作，則變得不會應變，這是非常危險的。如果是與禪僧顯示相同腦波的武術家※，虛擊動作將無法產生效果。

不論是對手的攻擊或是人生所遭遇的事，總是能以「全新的心」去應對，這就是達人高深境界的證明。

※ 悟道中，不只是聲音刺激，對眼睛看到對方的刺激都和禪僧腦波相同 —— 簡言之，是能保持「無」或「空」的狀態之達人。

表　腦波的四種類型

腦波種類	產生時的狀態	振動頻率（周波頻率）
β波	集中	12～40Hz※
α波	放鬆	8～12Hz
θ波	淺眠	4～8Hz
δ波	熟睡	0.5～4Hz

※ 是指 1 秒間 12~40 次振動。

圖　禪僧的腦波（α 波、θ 波）

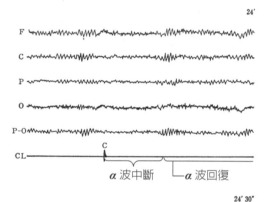

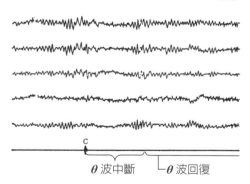

◖上是 α 波，下是 θ 波，C 是給予聲音刺激的瞬間。雖然不論哪一個波都對聲音的刺激產生反應，但 α 波和 θ 波立刻就會回復。禪僧與一般人在 **F、C、P、O、P-O** 裝置電極的地方，不論腦哪一部分的反應都不一樣。

出處：《自我控制與禪》，第 234 頁。作者：池見西次郎、弟子丸泰仙（日本放送出版協會，1981 年）

●氣與心

武術的本質是傷人的技巧，
為什麼會與救人有關？

戰國時代的武術修行者有著賭上性命以真劍搏生死的覺悟；即便是自誇戰無不勝的劍豪也無法保證下次一定能獲勝，同時只要失敗一次，自己就會與倒下的對手一樣，人生就此結束。對於「或許下一次就會死」的恐懼感，和「一生累積的努力全都化為烏有」的空虛感而煩惱不已。

日本的武士自和平的江戶時代開始，一直保持著隨時為主君奉獻生命的心理準備。

除了死刑犯外，現代一般人不太會在日常生活中考慮死亡的事情。而死刑犯的刑行通常要到當天早上才會知道，所以與武術修行者或侍從相同，每天都「面臨死亡的威脅」。死刑犯中少數人會徹底思考「人生的意義」，並達到很高深的境界。

簡言之，「面臨死亡」與探究「人生的意義」是相關的（圖）。不是緊抓著什麼念頭不放，而是自內心深處探索「人生的意義」，稱之為「悟」。

達到這個境界 ※ 的人，能克服死亡的恐懼，對生命有深層的安定感，對天地萬物充滿感恩，擁有想拯救周圍的人的慈悲心來面對接下來的人生，完全沒有空虛感之類的心境。

我們不是武術修行者或死刑犯，可以假想「明天，巨大的隕石撞擊地球，我一定會死」，因此試著寫遺書，也是一種當成面臨死亡契機的方法。

或是，找尋如同大森老師般的人物，親身體驗其生活方法並加以學習。因緣際會開始學習武術的我，只看「贏了、輸了」就結束的話，實在是太不值了。

※ 雖然稱之為悟，但其程度因人而有極大的差異。

圖　面臨死亡時，才會想到追求人生的意義

↥如果死了，家人或畢生的努力、金錢、地位、名譽；女性的話如美貌等，所有的一切都無法帶走。克服這種空虛感的過程，能找到真正的「人生意義」。

本書所提到的「合氣」、「人生的意義」、「悟道」,「非科學」嗎?

這是連我在內,所有相信科學的唯物論者會有的疑問吧?唯物論者認為「世界的組成為物質,那些看似心(精神、意識層面)的東西,其實只不過是由所謂腦的物質衍生出來的附屬品」,並主張「人會思考而產生念頭,但都是腦內的物質作用。除透過五感以外,不可能直接得到與他人或外界的情報,並且認為合氣、透視、遠距離氣功(相隔一段距離,用氣功治療),甚至是靈魂的存在,這些都是違反科學的欺騙」。

在此,我們追溯看看被認為是奠定科學思考法基礎的法國哲學家、數學家勒內·笛卡兒(1596~1650年),並簡單說明笛卡兒的重要思想(圖1)如下:

①**物質的存在,能依性質(長度或位置等,現代所指的物理量)測定其量的大小,而方法是根據數學(方程式)。**

②**心的存在無法量化測出;心與物質獨立(互無影響)存在。**

由②的後半段「假設」研判,並沒有表達「心由物生」的觀點(圖2)。

其實,我完全不知道有像上述這樣的事情,單純認為瞭解「真理」就能瞭解「人生的意義」。因為世界由物質所組成,追求物質的話也就是能瞭解「人生的意義」。所以立志追求「物質的真理」而選擇學習理論物理學,決心研究物質的根源素粒子或夸克(Quark)。

但是,若笛卡兒是正確的話,無論怎麼理解所謂的素粒子,心的問題,即「人生的意義」,仍然無法獲得解決。

事實上,我的指導教授——已故的西島和彥老師,曾是諾貝爾物理學獎的候選人,受贈過文化勳章,是非常令人尊敬的人物。他因喪子的傷痛而成為基督徒。即使是物質研究大師,在心靈的拯救上是兩件完全不同的事情。

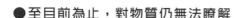

●至目前為止，對物質仍無法瞭解

最近有關物質的研究發現，肉眼能看到的星星或是形成銀河的物質（包括能量），僅占宇宙全體的 4.4%，其他由形狀完全不明的黑暗物質（23%）及黑暗能量（73%）所組成。頂尖研究學者也認為，宇宙（物質）大部分的情況都還是呈現未知狀態。

但是，已經被研究出的素粒子，與所謂古典印象中的粒子完全不同，事實上是以波的方式表現。例如一個電子，以波的方式同時通過分開的兩個細縫（細長的空間），通過兩細縫的波重疊。該電子的呈現方式完全無法用電子是非常小的粒子之想法來說明（圖 3）。

在這裡還可提示一個相當違背一般常識的「量子纏結（Quantum Entanglement）」現象。沒有自旋的大粒子分裂成朝右自旋與朝左自旋的 **A**、**B** 兩個粒子，並相互遠離；不知道哪一個是右旋（或左旋），但如果測出 **A** 往右旋的瞬間，就能判定 **B** 往左旋。

量子力學的理論和實驗的結果，已能確定「**A** 被測定為止前，**B** 是處於往右或左旋各半的重疊狀態中。當測出 **A** 會往右旋的瞬間，用比宇宙最快的光速還要快的傳遞速度影響 **B** 的狀態，使其變為左旋」。**B** 在 **A** 被測出旋轉方向時，是如何「知道」的呢？

因此，連物質幾乎都無法真正地理解，也就無法說心是由物質所產生。

圖1　笛卡兒的思想

↢即使心想「我不存在」，但「如此想的我存在」；由此衍生出「我思故我在」的名言。

但是，也有其他不同的解讀─「『我不存在』的想法，因而有所謂『如此想的我存在』的想法」。總之，只要說「有思所以思存在」，就無法證明「我的存在」。

照片：Wikipedia

圖2　身體和大腦有無法捕捉物質的波集合重疊的狀態嗎？

↢即便用腦（理論：出現 β 波時腦的狀態）思考，無法看見真正的「我」。透過禪坐，（α 波、θ 波）以全身心靈捕捉超越理論的「我」。

圖3　電子在觀測時呈「粒」狀表現，
　　　在此實驗中完全是以「波」狀的性質呈現

（a）

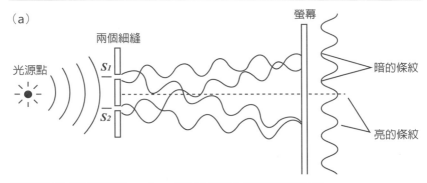

↑電磁波的光通過細縫 **S1** 及 **S2** 的波在螢幕上重疊形成條紋狀。

（b）

↑實際上形成光的明暗條紋。
　　出處：《新物理學》，第149頁。作者：James T. Shipman，勝手寬、吉福康郎 翻譯（學術圖書出
　　版社，1998年）

（c）

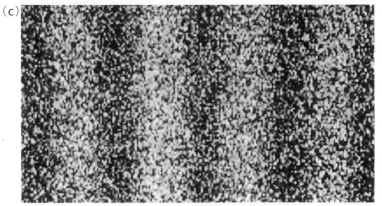

↑電子也如同波的方式呈現，同樣形成條紋狀。電子是「粒」狀的話，通過狹縫
　S1 時，因「不知道」**S2** 的存在，無法形成條紋狀。
　　出處：《看見量子力學》，第55頁。作者：外村彰（岩波書店，1955年）

既是如此，能相信「心由腦生」嗎？

概略介紹三種主張「心由腦生」的說法。

第一種說法，是自古就有的一般說法。腦神經細胞以局部的迴路組織化，該局部迴路形成層狀配列的皮質領域之類的階層構造，認為腦的全體由一個神經網絡所形成，其作用是產生心。

此學說完全不考慮用物質的量子力學方式呈現。如果心由網絡產生的話，電腦應該也有心才對。若真是如此，拔掉電腦的電源時，電腦則「失神」；破壞電腦，即是「殺人」。或是，高齡者將自己的腦換成神經網絡完全相同的年輕人的腦，「同一人」即使汰換舊的腦，應該可以回到年輕狀態。

第二種說法，是不重視腦構造的量子場腦理論，「認為腦全體是由水及腦物質所形成的電氣雙極子的場」，這是相當艱深的理論，因腦內產生無限個「隱藏光子」來負責記憶，所以結論是比上述的神經網絡說，能蓄存更多的記憶。

事實上，對於是否可以不重視腦神經細胞的結合或階層構造有許多疑問。不論是「隱藏光子」說或是網絡說，記憶是心的話，光碟片之類的記憶裝置，應該全部都有心才對。

第三種說法[1]，是以波的形式擴散的粒子，（擁有心的人）因收縮以粒子呈現方式而被觀測，而在腦內與其相反，腦的微管[2]構成要素之量子力學的重疊狀態下[3]，哪個能確定時就產生心（圖）。

三種說法中，腦的構造或量子力學為相互矛盾的見解，並沒有具體呈現心的產生過程。

※1 羅傑・潘洛斯（Sir Roger Penrose，1931~）的量子腦理論。
※2 微管（Microtubule）是細胞內的管狀構造物，與細胞的運動及形狀的維持有關的細胞骨格的一種。

表　各種假說與其差異

	腦的階層構造	量子力學
說法 1（神經網絡＝心）	考慮	不考慮
說法 2（隱藏光子＝心）	不考慮	考慮
說法 3（自量子狀態確定開始， 　　　　產生心）	考慮	含有特殊的假設

◆三種腦產生心說法的差異點。

圖　兩個量子力學狀態重合的微管蛋白（**Tubulin**）

第三種說法的羅傑・潘洛斯量子腦理論

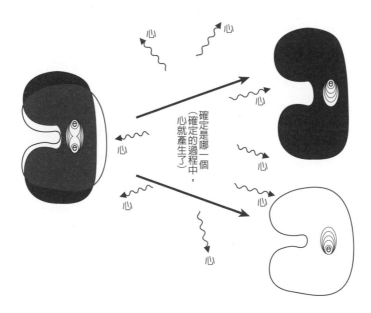

⬆微管蛋白集結蛋白質分子構成腦內的微管。

※3 微管的構成要素是由兩個分子組合而成的構造。與 Q76（第 230 頁）中，粒子 **B** 往右或左旋的重疊狀態相同，兩個構造處於重合狀態。

作者如何轉變而否定唯物論呢？

我從小就喜歡物理科學，夢想成為像「原子小金剛」中御茶水博士那樣的科學家，也一直以來都在追求排除迷信的合理思考方法，因此堅信唯物論，認為包括「氣」這種超常現象全部都是騙人的怪力亂神。

如 Q76（第 230 頁）中所述，雖然我因崇拜西島教授而踏上物理學的研究之路，但卻逐漸發現與自己追求的理想背道而馳，再加上能力或個性的問題，對研究已感到疲倦。

不論內心想法為何，表現出來的意志卻相當絕望，認為「自己在畢生追求的理想道路上，是個徹底的失敗者、沒有用的人」，甚至曾有過從理學院的頂樓往中庭一躍而下尋死的念頭。

不需武術真劍搏生死的心境，如同大森老師所說每天認真生活的話，即使厭惡也會變得想死般的痛苦遭遇，其痛苦的感受不輸給真劍搏生死中的體會。但是，只要自己的命不該絕，優於武術的真實人生中的勝負，其好處是不論輸多少次都可以重新再挑戰。

回到原話題上，只差一步就可以從屋頂一躍而下時，突然身體像被什麼東西拉住般往後退。同時腦中想起，曾和大森老師交流過的森田療法指導者水谷啓二的一些事情。我自屋頂下樓後，馬上去見水谷先生，並住進了他的宿舍。在他那裡學到的是「不論如何，只要自己非常認真努力，就覺得變得比他人偉大」的想法本身就是錯誤的。自此之後，我常提醒要捨棄「自我」的主觀意識，反覆挑戰人生。

好不容易博士論文終於合格了。我在 35 歲左右轉攻生物力學，特別是有關運動的部分，專門研究格鬥技力學；研究非常得順利，45 歲左右因大學的研究制度產生重大變革，伴隨實驗的研究變得相當困難，即使如此，改以不需實驗的電腦模擬為中心，繼續努力。

　　然而，在研究最重要的時刻，長男因病成了身心障礙者，期望最深的兒子遭受此打擊，我不僅是精神上難以承受，更背負了照顧病患的生活重擔。本來身體就不是很好的我，承受此壓力連帶開始併發嚴重的痛風及腰痛，醫院所開的治痛風藥，導致肝臟不適的副作用。或許是研究的關係，只努力地在大學教書，其他時間都在床上休息，這樣的生活持續了 2 年。

　　我在腰痛及痛風的雙重打擊下，幾乎都在床上度日的某個暑假，讀了有關不依賴藥物就能恢復健康的氣功相關書籍，半信半疑地照書上所寫的內容練了一下，發現自己的手能產生「氣」；之後繼續練習，氣功協會的副會長都曾說我的手能「產生相當的氣」。以此為契機，原本抱持疑問的唯物論者的我，變成了正面看待氣或超常現象的人體科學會、國際生命情報科學會的會員。

　　看見很多在嚴謹的科學條件下，發生所謂遠距離氣功（將氣傳給數公里遠的對方）之類的研究結果（下頁圖）。除此之外，也曾聽聞幾個如離開肉體的「靈魂」轉世投胎等可信度相當高的研究報告。

　　最後，請銘記包括研究科學基礎的科學哲學家，幾乎都不支持唯物論了。

<u>圖</u>　從東京傳遞氣治療在仙台的人，遠距離氣功的效果

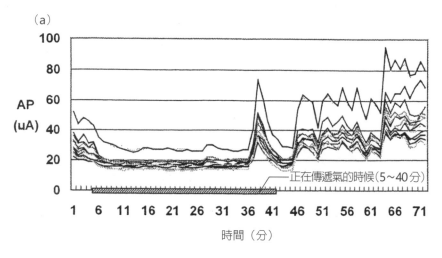

(a)

↑氣傳遞的過程，氣傳遞時皮膚電流安定；傳遞結束時，有很大的變動。

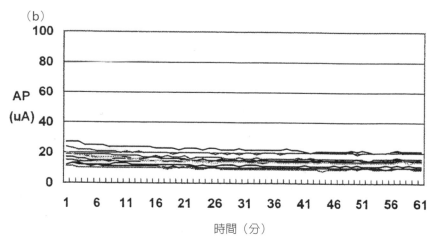

(b)

↑在其他日子不傳遞氣的時候，皮膚的電流沒有特別的變化。

什麼時候傳遞氣，只有治療的人才知道，縱軸的「**AP**」與自律神經機能相關的皮膚的電流，在不傳遞氣的時候一直都是平坦無起伏的狀態。

出處：J.Intr.Sco.Life Info.Sci.Vol.20,No2,September 2002，第495頁
Mami KIDO：Measurements of Distant Healing Effects
（木戶真美：遠距離治療效果的測定）

●氣與心

作者得到什麼程度的「悟」？
或是找到「人生的意義」了嗎？

在我 60 歲左右的某個夜晚，突然發生從未有過的劇烈腰痛，倒臥在床無法翻身，直到早上被救護車送往醫院。醫生宣判我右背深處有個手掌般大的腫瘤，因抗癌藥物無法控制必須開刀治療，而且會復發，「5 年存活率只有兩成」。

住院後陸續做了許多檢查，帶了幾本專業及休閒娛樂的書籍，利用空暇時間大量閱讀。不看書時就休息，而休息時也不忘鍛鍊筋骨，以防止體力衰退。打掃病房的婦人看我開朗地談笑風生，還以為我是準備出院的病患。

第一次躺在手術台上時，詢問護士巨大圓形的手術照明燈的瓦數，知道其亮度是持手術刀時，不會產生手部陰影的構造。即使戴上口罩要「開始麻醉」的時候還問是「是純氧嗎？」完全忘了被告知手術失敗率約 10% 的事情，充滿好奇地一直問東問西。

幸運的是，手術很成功。

來探病的鄰居及大學同事們，看見我面對罹癌處之泰然的態度，都十分驚訝覺得不可思議。人生中的真劍搏生死，不論生死都在重複地循環發生，從年輕時就非常煩惱的「死亡的恐懼」=「不知道人生的意義就死亡的恐懼」中完全解放出來。

手術後虛弱的體力好不容易恢復時，仰賴的次男也和長男一樣得了相同的病，成了身心障礙者。

此事情的發生帶來更大的煎熬。我不知從何時開始，在「真劍搏生死的修練場中反覆鍛鍊成為了睿智的強者」。手術後過了 5 年的現在，我運氣很好屬於「那兩成存活率」中的人。

圖　我「內心」曾有的想法

厭惡之人

存在於「外」的
厭惡之人

一般的看法

產生「自我生
命」陰暗的負
面感覺。

厭惡之人

ゴミ

「自我生命」
的一部分

渺小的「我」消失中

新的看法

「自我生命」＝腦中判斷前的自身體驗。

「當想到能產生新看法的「我」很偉大的瞬間，「自我生命」消失。
這是追求悟的人（禪僧之類）很容易陷入的想法。

我很偉大

「自我生命」的
一部分……

容易深陷的想法

不論再怎麼覺悟，被悟綁住的
話就會變得不是悟。

⬆ 認為厭惡之人也是「自我生命」中的一部分，和周圍協調、活潑
　開朗地過。但是，不可以生氣。

●人生不是自我（內在）也不是外（外界）

　　我現在不知是否因習慣了水谷老師教授的「拋開自我」，變得不再像以前把自己的「內」及「外」區別得非常清楚。例如不是「我（內）看見樹（外）」，而是「能看見樹」的感覺。人生，就是這種體驗的累積。

　　水谷老師在我住宿期間突然去世後，我暑假每天都在京都曹洞宗的安泰寺與內山興正老師禪坐 5 小時，同時接受個人的指導。內山老師曾說「相遇就是我們的生命」，之後經過了 40 年以上的經歷，終於才明白箇中的道理。人生不是體驗自我（內在）或外（外界）的連續體驗，而是因各種瞬間的相遇產生的體驗，是與渺小的「自己」分離的龐大的「自我生命」過程。

　　例如出現厭惡之人。以前的話，外界存在「厭惡之人」，「自己」心想「厭惡之人」；現在是不論內心或外界就只是「厭惡之人」。光是對「厭惡之人」有否定的感覺，不論內外就都污染了「自我生命」。實際上，厭惡之人也是「自我生命」（腦中下判斷前的自身體驗）中的一部分（前頁圖）。

　　現在我的目標，不是用渺小的「自己」的力量來消除造成「自我生命」黑暗的負面感情，而是交給偉大的人物（神、佛等……）助我消除並讓其發光。具體來說，和周圍協調，不管遇到什麼樣的困難都要打起精神，快樂地過生活。

　　我期許自己將來能夠像大森老師、水谷老師及內山老師般，「在與人閒談聊天中就能拯救周圍的人」。

　　自出生就體質虛弱的我，一心只想更身強體壯。在學生時代，以瘦弱的身體開始著手鍛鍊肌肉，當時用連踢腳都舉不起來的僵硬身體猛練少林寺拳法，並且從在大學工作開始，也熱衷參與自行車比賽。於是在第 7 章所述的理由促使下，不知何時自理論物理學轉攻生物力學，最初是研究運動類型的格鬥技，然後逐漸是以武術為主要的研究對象。

　　以身體和身體、武器和武器相互攻擊的格鬥技或武術，肌肉和力氣當然不可或缺。我一開始是以依力學的合理性如何發揮人體雙腳步行的腿部肌肉骨骼構造的最大力量，並傳遞給對手為主要的研究內容。實際上，武術的身體移動與運動類型的動作在解剖學及力學上具有不同的合理性，但隨著武術累積的體驗，發現還包含其他重要的因素。

　　例如所謂「破勢」──利用騙過對手的觸覺，使其不知原因失去平衡而無法發揮肌肉力量的技巧。除此之外，還有利用腦的視覺處理時的空檔攻擊，或是用亡靈般的動作分散對手攻擊的注意力的心理操作等重要因素。

　　這個階段，不只是在道場，還包括整體日常生活，都要集中體內產生感覺的神經，視為進步的條件。

　　如同有位武術家曾經說過「即使反覆錯誤練習，錯誤還是錯誤」或只是「執著於苦練的反覆訓練」，都無法期望能練好。另外，有名的老師也說過，有時候弟子會突然無法施以至今都有效的攻擊技巧──但坦白告訴弟子，繼續發揮創意的話，等進到更高階段時，自然而然就會那個技巧了。

　　最近，柔道等運動界有體罰的問題。若發生失誤就加以體罰或無理地強迫練習，使選手喪失了自主性，慢慢地只是「循環錯

誤的練習」。希望指導者能像前述的老師般，以謙虛的態度鼓勵
選手們發揮創意工夫來取代體罰。

　　自 2012 年起，武道變成日本國中生必修課程之一，雖然武
道與武術幾乎是同義詞，但武道更強調精神層面的意義，享受勝
負的同時並鍛鍊身體，以及和同學之間學習相互協助，這些都是
件很好的事情，而此點與其他運動都相同。

　　悠久歷史的培育發展下，任何人都可以終身學習不勉強身體
的武術動作，希望對於離開本源，偏重肌肉與力氣的現代運動類
格鬥技能有所補救。還有想強調武術深奧的精神，要能引導承繼
未來的年輕人的心，「堅定」超越對立的可能性。

　　我完全沒有實戰的經驗，不知是否真的有變「強」。但不知
何時開始，隨著第 7 章所述的經驗累積，覺得因與他人對立而得
到勝負的相對的「強」並不重要，跳脫自我與他人的區別，珍惜
遇見的所有事物，發揮「自我生命」的瞬間，反而能得到「絕對
的強」。

　　人生剩餘的時間已越來越少的我，想要成為武術達人已經不
可能了，希望能多充實精神面，將來成為「人生達人」。

　　最後，對研究上的問題仔細回應和親切指導我的各位老師，
還有繪製插圖的 dackQ 先生、科學書籍編輯部的石井顯一，以及
協助我完成本書的所有人獻上最誠摯的謝意。

索　引

吉福康郎（Yoshifuku Yasuo）

1944年出生於日本滋賀縣。東京大學理學系畢業、理學院研究所（理論物理學系）結業，東京大學理學博士。現為中部大學工學院教授，專攻運動生物力學及生命情報科學。目前運用科學的方法加以解析並深入研究運動，特別是格鬥術及傳統武術的技法，其他還涉獵如瑜珈和氣功的實踐等。其著作相當豐富，包括《格鬥技的科學》、《武術「奧義」的科學》、《格鬥技「奧義」的科學》等。

國家圖書館出版品預行編目(CIP)資料

圖解 武術的科學
吉福康郎 著；孫曉君 譯【修訂一版】
台北市：十力文化， 2022.04
頁數：256頁 開數：148*210mm
ISBN：978-986-06684-8-3（平裝）
1. 武術
528.97 111004740

圖解 武術的科學 實戰取勝的關鍵

作　　者 吉福康郎

責任編輯 吳玉雯
翻　　譯 孫曉君
特約審稿 張慶偉
封面設計 林子雁
美術編輯 劉詠軒

出 版 者 十力文化出版有限公司
發 行 人 劉叔宙
公司地址 116 台北市文山區萬隆街 45-2 號
通訊地址 11699 台北郵政 93-357 信箱
電　　話 02-2935-2758
網　　址 www.omnibooks.com.tw
電子郵件 omnibooks.co@gmail.com
統一編號 28164046
劃撥帳號 50073947

I S B N 978-986-06684-8-3
出版日期 2022 年 4 月
版　　次 修訂一版第一刷
書　　號 D2203
定　　價 450 元

地址：

姓名：

十力文化出版有限公司 　企劃部收

地址：台北郵政 93-357 號信箱

傳真：（02）2935-2758

E-mail：omnibooks.co@gmail.com

讀 者 回 函

　　無論你是誰，都感謝你購買本公司的書籍，如果你能再提供一點點資料和建議，我們不但可以做得更好，而且也不會忘記你的寶貴想法喲！

姓名／　　　　　　　　　　性別／□女 □男　　生日／　　　年　　　　月　　　　日
聯絡地址／　　　　　　　　　　　　　　連絡電話／
電子郵件／

職業／□學生　　　　□教師　　　　□內勤職員　　□家庭主婦　　□家庭主夫
　　　□在家上班族　□企業主管　　□負責人　　　□服務業　　　□製造業
　　　□醫療護理　　□軍警　　　　□資訊業　　　□業務銷售　　□以上皆是
　　　□以上皆非　　□請你猜猜看
　　　□其他：

你為何知道這本書以及它是如何到你手上的？
　　　請先填書名：
　　　□逛書店看到　　□廣播有介紹　　□聽到別人說　　□書店海報推薦
　　　□出版社推銷　　□網路書店有打折　□專程去買的　　□朋友送的　　□撿到的

你為什麼買這本書？
　　　□超便宜　　　　□贈品很不錯　　□我是有為青年　□我熱愛知識　□內容好感人
　　　□作者我認識　　□我家就是圖書館　□以上皆是　　　□以上皆非
　　　其他好理由：

哪類書籍你買的機率最高？
　　　□哲學　　　　□心理學　　　□語言學　　　□分類學　　　□行為學
　　　□宗教　　　　□法律　　　　□人際關係　　□自我成長　　□靈修
　　　□型態學　　　□大眾文學　　□小眾文學　　□財務管理　　□求職
　　　□計量分析　　□資訊　　　　□流行雜誌　　□運動　　　　□原住民
　　　□散文　　　　□政府公報　　□名人傳記　　□奇聞逸事　　□把哥把妹
　　　□醫療保健　　□標本製作　　□小動物飼養　□和賺錢有關　□和花錢有關
　　　□自然生態　　□地理天文　　□有圖有文　　□真人真事
　　　請你自己寫：

十力
文化